Elogios para Michael Hyatt y su

Libre para enfocarte

«Michael Hyatt es uno de los mejores líderes que conozco... Los líderes confían en los sistemas inteligentes para que los ayuden a liderar en la oficina y en el hogar y *Libre para enfocarte* proporciona el tipo de sistema que cada líder inteligente desea».

John C. Maxwell, autor, conferencista
y experto en liderazgo

«Michael Hyatt ha escrito la guía para crear libertad y dinero sin quemarnos en el proceso... Podrás trabajar en un espacio donde nada sea urgente, se cumplan los plazos y la jornada laboral realmente concluya en la oficina».

Brooke Castillo, fundadora de The Life Coach School

«Ocuparse no es significativo. Lo que importa es ejecutar, en manera congruente, el trabajo que realmente vale. Este libro muestra cómo hacerlo».

Cal Newport, autor de los éxitos de venta *Céntrate* y
Minimalismo Digital, de la lista del *New York Times*

«El enfoque práctico de Michael Hyatt en la productividad no es solo otra guía táctica llena de buenas ideas, es una estrategia integral para que examines tu vida. No se trata solo de hacer más cosas, sino de hacer las que son correctas; y eso empieza por saber a dónde quieres ir».

Ruth Soukup, autora de *Do It Scared,*
éxito de venta del *New York Times*

«Una guía fantástica, llena de consejos y herramientas útiles para maximizar tu energía, tu enfoque y tus resultados».

Kevin Kruse, autor del éxito de venta de *15
Secretos de la gente exitosa sobre la gestión del
tiempo,* de la lista del *New York Times*

«Un marco práctico y flexible para que te enfoques en lo que más vale y desarrolles tu mejor trabajo cada día».

Todd Henry, autor de *The Accidental Creative*

«Los pasos de *Libre para enfocarte* son claros, las estrategias son ejecutables y las lecciones atemporales. Como yo, es posible que desees releer este poderoso libro una y otra vez».

Jeff Sanders, conferencista y autor de *The 5 AM Miracle*

«Michael Hyatt ilumina los secretos de las personas más productivas».

Skip Prichard, presidente de OCLC, Inc.; autor de *El libro de los errores*, éxito de venta de la lista del *Wall Street Journal*

«Me enorgullece declarar a Michael como una autoridad a la cual recurrir. Su liderazgo audaz imparte principios prácticos de productividad que me han dado resultados extraordinarios a mí y a los demás con quienes transita las trincheras de la vida».

Erik Fisher, presentador del podcast *Beyond the To-Do List*

«Los sensatos y útiles consejos de Michael pueden ayudar a cualquiera a dar prioridad a las cosas, de manera que haga las más importantes».

Chris Guillebeau, autor de *Side Hustle* y *100Euros Startup*

«Michael Hyatt ha validado el sistema donde cuenta: en el campo, con empresarios y líderes corporativos reales».

Steven Robbins, creador de Get-it-Done Groups; presentador del podcast *Get-it-Done Guy's Quick and Dirty Tips to Work Less and Do More*

«Antes de escribirlas, las grandes historias se piensan bien. Lo mismo sucede con las grandes vidas. Mike nos da un marco para planificar nuestras vidas de tal forma que no tengamos que sentir remordimiento».

Donald Miller, autor de éxitos de venta de la lista del *New York Times*; fundador y presidente de StoryBrand

Tu mejor año

«A lo largo de tu vida, conocerás tres tipos de líderes. El primero inspira ambición, pero no da resultados. El segundo mejora los resultados, pero ignora el espíritu… Michael Hyatt comprueba ser el tercer tipo extraño de líder, uno que eleva nuestro rendimiento y nuestra alma».

Sally Hogshead, autora de éxitos de venta del *New York Times*; creadora de How to Fascinate®

«Un programa sencillo, respaldado por la mejor y más moderna investigación, ¡para alcanzar tus sueños!».

Tony Robbins, autor número uno del éxito de venta *Inquebrantable,* de la lista del *New York Times*

«Michael Hyatt tiene una habilidad especial para simplificar lo complejo. Es más, lo hace útil».

Dan Sullivan, presidente de The Strategic Coach Inc.

«Michael Hyatt ha creado una forma divertida y rápida de encontrar tus sueños y convertirlos en realidad».

Seth Godin, autor de *Linchpin*

«Durante más de una década, he conocido a Michael como un líder y empresario exitoso. Ahora… él comparte el simple y comprobado sistema que usa para lograr sus objetivos más importantes. Este libro puede ayudarte a lograr incluso más de lo que creías posible».

Andy Stanley, pastor principal de la congregación North Point Community Church; autor de *Visioingeniería*

«El mejor recurso que he leído para establecer objetivos».

Jon Gordon, autor de *El bus de la energía,* éxito de venta de la lista del *New York Times*

«Lectura obligada para empresarios, atletas, padres, estudiantes, maestros, funcionarios públicos, voluntarios o cualquier otra persona que desee tener mayor influencia e impacto, y una vida personal y profesional más eficaz».

Tim Tassopoulos, presidente y director de operaciones de Chick-fil-A, Inc.

«Hay muchas personas que hablan sobre objetivos, pero escuchan a Michael. Él fundamenta este consejo en una investigación firme. Un gran guía».

Dr. Henry Cloud, psicólogo; autor de éxitos de venta de la lista del *New York Times*

«No solo estoy haciendo que todo nuestro equipo en Franklin-Covey lea *Tu mejor año*, también estoy haciendo que mis tres hijos en edad universitaria lo lean. ¡Michael nos da una hoja de ruta profunda para la esperanza y el logro!».

Chris McChesney, coautor de *Las 4 disciplinas de la ejecución*

«Dile adiós a #goalfailure una vez que aprendas el sistema de establecimiento de metas de *Tu mejor año*, de Michael Hyatt. Su enseñanza se basa en lo mejor de la ciencia y la prueba yace en las valientes historias de personas ordinarias que han logrado resultados extraordinarios».

Amy Porterfield, presentadora del podcast *The Online Marketing Made Easy*

«Seguir este proceso me ha llevado a mi año más exitoso y satisfactorio».

Pat Flynn, autor de *Will It Fly?*; presentador del podcast *Smart Passive Income*

«Sin duda, el mejor programa para establecer metas que he visto».

Jeff Goins, autor de los éxitos de venta *The Art of Work* y *Real Artists Don't Starve*

«Albert Einstein, Mark Twain, y Jack Welch a partes iguales».

Andy Andrews, autor de *El regalo del viajero* y *La maleta,* éxitos de venta de la lista del *New York Times*

«Te ayuda a forjar un marco muy firme para establecer mejores metas y alcanzarlas. Te beneficiarás de su investigación y de las grandes ideas que ha resumido aquí para tu éxito».

Chris Brogan, autor del éxito de venta *It's Not About the Tights,* del *New York Times*

Planifica tu futuro (en coautoría con Daniel Harkavy)

«Lleno de recordatorios y revelaciones que te abrirán la mente y organizarán tu tiempo».

Dave Ramsey, autor del éxito de venta *La transformación total de su dinero,* de la lista del *New York Times*

«Esta es una guía extremadamente práctica e indudablemente necesaria para cualquier adulto que se haya alejado de cómo pensaba que debería ser vivida la vida. Me he beneficiado de este enfoque en mi propia vida, pero necesito que me lo recuerden una y otra vez».

Patrick Lencioni, presidente de Table Group; autor de *Las cinco disfunciones de un equipo* y *The Advantage*

«Un plan completamente a tu medida para lograr el diseño y la ejecución de la vida que quieres vivir».

Chalene Johnson, autora de éxitos de venta del *New York Times*; presidenta de Team Johnson

«Un manual inteligente y articulado para reconocer los aspectos más elevados (y sutiles) de nuestros compromisos y expresiones, y relacionarnos adecuadamente con ellos. Aplicar aun parte de sus recomendaciones simples y prácticas mejorará la condición de vida de cualquier persona. ¡Bravo!».

David Allen, autor del éxito de venta *Organízate con eficacia*, de la lista del *New York Times*

«*Planifica tu futuro* ofrece a los lectores un proceso simple y comprobado para identificar lo que más cuenta y crear una vida con menos del resto».

Fawn Weaver, autora de *The Argument-Free Marriage*, éxito de venta de la lista del *New York Times*; fundadora de The Happy Wives Club

«El poder de *Planifica tu futuro* radica en la elegante simplicidad del libro: una obra corta con un impacto largo y duradero. Con este libro puedes crear tu propio plan de vida en un solo día y, literalmente, cambiar el curso de tu vida».

Ray Edwards, anfitrión de *The Ray Edwards Show*; fundador de Ray Edwards International

«Michael Hyatt y Daniel Harkavy tienen mucho que enseñarnos. En un mundo de vidas aleatorias, a menudo erráticas, las de ellos se destacan como ejemplos de carreras bien elegidas, tiempo bien utilizado y pasión profundamente atendida».

Max Lucado, autor de *Sin temor* y *Más allá de tu vida*, éxitos de venta del *New York Times*

«Un recurso brillante y motivador».

Lysa Terkeurst, autora de éxitos de venta del *New York Times*; presidenta de Proverbs 31 Ministries

«Puedes perseguir deliberadamente lo esencial o puedes llegar sin darte cuenta a lo no esencial. Este libro enseña, con brillantez, cómo hacer lo primero mientras se evita lo segundo. Léelo y vívelo, te encantará».

Greg McKeown, autor del éxito de venta *Esencialismo*, de la lista del *New York Times*

EL LÍDER GUIADO POR LA VISIÓN

MICHAEL HYATT

EL LÍDER GUIADO POR LA VISIÓN

DIEZ PREGUNTAS PARA ENFOCAR TUS ESFUERZOS,
ENERGIZAR TU EQUIPO Y MAXIMIZAR TU NEGOCIO

WHITAKER
HOUSE
Español

Whitaker House
1030 Hunt Valley Circle
New Kensington, PA 15068
www.espanolwh.com

Impreso en los Estados Unidos de América
Originalmente publicado en inglés con el título:
The Vision Driven Leader

ISBN: 978-1-64123-885-4 | eBook ISBN: 978-1-64123-886-1

Por favor, envíe sugerencias sobre este libro a: comentarios@whitakerhouse.com.

The Library of Congress has cataloged the original edition as follows:
Names: Hyatt, Michael S. author. | Hyatt, Michael S. Vision-driven leader.
Title: El líder guiado por la visión: diez preguntas para enfocar tus esfuerzos, energizar tu equipo y maximizar tu negocio / Michael Hyatt.
Other titles: Vision-driven leader. Spanish
Description: Grand Rapids, Michigan: Baker Books, a division of Baker Publishing Group, [2020] | Summary: "New York Times bestselling author and America's leadership mentor offers leaders six tools for crafting an irresistible vision for their business, rallying their team around the vision, and distilling it into actionable plans that drive results"— Provided by publisher.
Identifiers: LCCN 2020023150 | ISBN 9781540900869 (paperback)
Subjects: LCSH: Employees—Coaching of. | Leadership.
Classification: LCC HF5549.5.C53 H9318 2020 | DDC 658.4/092—dc23
LC record available at https://lccn.loc.gov/2020023150

Desarrollo editorial: Grupo Nivel Uno, Inc.

Se han cambiado algunos nombres y detalles para proteger la privacidad de las personas involucradas.

El autor es representado por Alive Literary Agency
7680 Goddard Street, Suite 200
Colorado Springs, CO 80920
www.aliveliterary.com

1 2 3 4 5 6 7 8 9 10 11 **LU** 29 28 27 26 25 24 23 22

Contenido

PRIMERA PARTE

LA VISIÓN LO IMPULSA TODO

La capacidad de visualizar posibilidades para el futuro y compartir esa visión con otros distingue a los líderes de los no líderes.

HERMINIA IBARRA

¿Qué define a un buen líder? Permitir que otras personas entren en lo invisible.

BEAU LOTTO

El líder tiene la visión y la convicción de que se puede lograr un sueño. Inspira el poder y la energía para hacerlo.

RALPH LAUREN

¿Eres líder o gerente?

El costo de la confusión

Aquellos que solo miran al pasado o al presente,
seguro han de perder el futuro.

JOHN F. KENNEDY[1]

Crecí en los albores de la era espacial. Mis años escolares estuvieron llenos de libros de Tom Swift y sueños de viajes interplanetarios. Me dediqué a la ciencia y la tecnología, vi todas las películas que pude, leí todas las historietas posibles y pasé incontables horas dibujando mis propias naves espaciales, agregando meticulosamente todos los detalles necesarios para los viajes galácticos que esperaba hacer. Quería ser astronauta. Pero no fue solo la ciencia lo que encendió mis cohetes. Estados Unidos de América estaba entonces en medio de una carrera espacial muy real.

La Unión Soviética inició las cosas lanzando el primer satélite del mundo, Sputnik 1, en octubre de 1957. Yo tenía un poco más de dos años en ese momento. Luego, en abril de 1961, cuando tenía casi seis años, el cosmonauta soviético Yuri Gagarin se convirtió en el primer humano en orbitar la Tierra. Fue un logro tremendo, pero los estadounidenses no estábamos de humor para celebrar. Durante el apogeo de la Guerra Fría, las tensiones estaban por la estratosfera. En el mejor de los casos, el éxito soviético en el espacio significó una pérdida de prestigio estadounidense. En el peor, representaba una amenaza existencial. A los estudiantes de las escuelas estadounidenses de mi edad, y mayores, se les requería que participaran en simulacros en los que tenían que «agacharse y cubrirse» debajo de sus escritorios en caso de un ataque nuclear. Los refugios antiaéreos en el patio trasero se pusieron de moda. A medida que la carrera armamentista se intensificaba, todos preguntaban: ¿qué pasaría si los rusos pudieran suplir de armas el espacio? Los estadounidenses necesitaban responder. Pero, ¿cómo?

Aunque los soviéticos tenían la ventaja, el presidente de los Estados Unidos, John F. Kennedy, veía el espacio como un campo de batalla crucial en la Guerra Fría. Su predecesor no estuvo de acuerdo. El presidente Dwight Eisenhower solo estableció a regañadientes la NASA y financió el programa Mercury. La reticencia de Eisenhower era comprensible, pero resultó en que los soviéticos llegaran más lejos y más rápido que EE. UU.; y, como lo expresó un escritor, «eso se agregó al complejo nacional de inferioridad» que sentían los estadounidenses.[2]

Kennedy estaba convencido de que Estados Unidos no podía ceder más terreno a la Unión Soviética. Entonces, seis semanas después del vuelo de Gagarin, se paró ante una sesión conjunta del Congreso e hizo la mayor presentación de ventas de su presidencia. «Ya es hora… de que esta nación asuma claramente el liderazgo en la conquista del espacio, porque en muchos sentidos puede tener la clave de nuestro futuro en la Tierra», dijo antes de describir su objetivo específico:

Creo que esta nación debe comprometerse... a hacer que un hombre se pose en la luna y regrese a salvo a la tierra. Ningún proyecto espacial en este período será más impresionante para la humanidad ni más relevante para la exploración del espacio a largo plazo; y ninguno será tan difícil o costoso de lograr... No será un solo hombre el que vaya a la luna; si hacemos este juicio afirmativamente, será una nación entera. Porque todos nosotros debemos trabajar para ponerlo allá.[3]

Muchos en ese momento consideraron que la visión de Kennedy era delirante. Dudaron que pudiéramos aterrizar en la luna con la tecnología y los conocimientos disponibles, y mucho menos traer de vuelta a un astronauta con vida. Eisenhower calificó el anuncio de Kennedy como «histérico» y vio su «espectacular lanzamiento a la luna» como «chiflado» y «riesgoso».[4] El primer administrador de la NASA, T. Keith Glennan, tampoco fue solidario. Llamó al plan del presidente «una dirección muy mala».[5]

La incredulidad y la crítica del público continuaron mientras el proyecto avanzaba. Desde junio de 1961 hasta julio de 1967, los encuestadores le preguntaron al público: «¿Favorecería o se opondría al gasto del gobierno de los Estados Unidos para enviar astronautas a la luna?». Menos de la mitad del público estaba a favor, excluyendo un mes durante mi décimo año cuando la opinión mayoritaria se inclinó brevemente hacia la luna.[6]

Si la **visión** es lo suficientemente convincente, las personas aplicarán sus **mejores pensamientos** y esfuerzos para concretarla, independientemente de los obstáculos y la oposición.

Por dicha, Kennedy sabía lo que todo líder guiado por la visión sabe: si la visión es lo suficientemente convincente, las personas aplicarán sus mejores pensamientos y esfuerzos para concretarla, independientemente de los obstáculos y la oposición. Kennedy hizo un llamado a «cada científico, cada ingeniero, cada técnico de servicio, cada contratista y funcionario público [a que hiciera] su promesa personal de que esta nación avanzará, con toda la velocidad de la libertad, en la emocionante aventura del espacio».[7] A pesar de los detractores, la gente dio un paso adelante para transformar la visión del presidente en realidad.

El esfuerzo enfrentó desafíos extraordinarios y retrocesos catastróficos y, aunque Kennedy no estaba vivo para celebrar el logro, el 20 de julio de 1969, Neil Armstrong salió del Apolo 11 y se convirtió en el primer hombre en pisar la luna. Lo hizo aun antes de lo previsto. Yo había cumplido catorce años el mes anterior, y no recuerdo haber estado más eufórico, más asombrado que en ese momento.

Armstrong amarizó de manera segura en el Pacífico el 24 de julio pero, a pesar de mi euforia, la dura verdad es que tomó mucho más tiempo para que me percatara de la efectiva lección del lanzamiento de una nave a la luna. Como innumerables chicos de mi edad, a fin de cuentas el deseo de convertirme en astronauta cambió por el sueño de iniciar un negocio. La caminata lunar de Armstrong refrendó lo que la visión de un líder puede lograr. Pero años después, aunque esa lección se desplegó ante mis ojos adolescentes —lo que Kennedy le mostró al mundo entero— me costó el catastrófico fracaso de mi primer negocio.

Te contaré esa historia en las próximas páginas, junto con lo que hice para recuperarme, pero primero déjame decirte esto. En las décadas posteriores a ese fracaso, he regresado para liderar con éxito equipos y empresas. He sido ejecutivo y he entrenado a ejecutivos. Y a través de todas esas experiencias, descubrí algo más: estoy lejos de ser el único líder que ha luchado con la visión.

El asunto de la visión

Cada vez que reflexiono sobre el éxito del lanzamiento de una nave a la luna ideado por Kennedy, no puedo evitar compararlo con la historia de otro presidente estadounidense. George H. W. Bush tenía fama de carecer de visión. En 1987, se postulaba para la presidencia y sabía que necesitaba una manera de conectarse con los votantes. Así que le pidió a un colega que identificara algunos problemas que pudieran destacarse. No tan rápido, dijo el amigo. Según *Time*, en vez de proporcionarle una letanía de temas ganadores, «sugirió que Bush fuera solo a Camp David durante unos días para averiguar a dónde quería llevar el país».

«Ah», respondió Bush —nada impresionado por la idea— «el asunto de la visión».[8] Bush poseía muchas cualidades positivas, pero veía lo de apartar tiempo para crear una visión como algo inútil, poco interesante o demasiado difícil. No era lo suyo. Y eso le costó. Bien o mal, los críticos vieron a Bush como un hombre complaciente con poca presencia o poder propio. «¿Qué representa realmente Bush?», preguntó la reportera Margaret Garrard Warner en una instigadora historia de portada para la revista *Newsweek* titulada: «Bush lucha contra el "factor debilucho"». Él era, dijo ella, «en términos generales, un político sin identidad política».[9]

Gracias en parte a una campaña fuerte y un opositor blando, Bush logró ganar las elecciones, pero los observadores notaron que «el asunto de la visión» plagó su presidencia. Kennedy se dio el lujo de una situación intolerable; la postura agresiva de Rusia forzó una respuesta ingeniosa. Pero cuando se enfrentó a sus propios desafíos, incluida una recesión económica y un panorama global cambiante, Bush no logró trazar un rumbo convincente para el país. Algunos creían que le faltaba la fuerza o el coraje para liderar. Lo veían como un gerente, no como un líder, percepción que finalmente minó su intento de reelección en 1992.[10] Incapaz de proyectar la visión de una economía favorable o el papel de Estados Unidos en un mundo posterior a la Guerra Fría, Bush no logró obtener los votos. La visión es el ingrediente esencial de un liderazgo exitoso. No hay sustituto. Sin ella, la influencia se desvanece junto con las multitudes. Esto es especialmente cierto en los negocios. A menos que tú, como líder, tengas una idea clara del destino en el que deseas que tu empresa esté en tres o cinco años, no tendrás nada que inspire a las personas a seguirte. «Los líderes crean cosas que no existían», dice Seth Godin. «Lo hacen al dar a la gente una visión de algo que podría suceder, pero que (aún) no ha sucedido».[11]

Esta es la diferencia principal entre líderes y gerentes. Cuando *Harvard Business Review* le preguntó: «¿Qué hace a un buen gerente?», el legendario presidente y ejecutivo de General Electric, Jack Welch, respondió con una aclaración crucial. «Prefiero el término "líder empresarial"», dijo. «Los buenos líderes empresariales crean una visión, la articulan, la poseen apasionadamente y la conducen implacablemente hasta su concreción».[12]

> **La visión es el ingrediente esencial de un liderazgo exitoso.**

Los votantes esperaban que Bush actuara como un líder; sin embargo, se comportó como un gerente. Ambas funciones son importantes, pero son fundamentalmente diferentes y requieren diversas disposiciones y conjuntos de habilidades. Los líderes crean la visión, mientras que los gerentes la ejecutan. Los líderes inspiran y motivan, mientras que los gerentes mantienen y administran. Los líderes corren riesgos, mientras que los gerentes controlan los riesgos. Los líderes se mantienen enfocados en el horizonte, mientras que los gerentes están atentos a las metas y objetivos a corto plazo. «El gerente es el clásico buen soldado», como dijo el pionero autor de los estudios sobre liderazgo Warren Bennis; mientras que «el o la líder es su propia persona».[13]

Confundir estos dos términos genera consecuencias significativas. La investigación realizada por Corporate Executive Board señaló un aumento en la toma de decisiones disfuncionales dentro de organizaciones entre gerentes. «Las organizaciones de hoy requieren que un promedio de 5.4 gerentes lleguen a un consenso para tomar una decisión», ellos encontraron. Elaborando,

El 5.4 generalmente proviene de diferentes áreas funcionales dentro de la empresa y, a menudo, tienen objetivos, motivaciones y perspectivas en conflicto... En ese tipo de entorno, el resultado no es una mala toma de decisiones, es la ausencia absoluta de toma de decisiones, manteniendo el *status quo*. La segunda opción elegida por el 5.4 es proceder a avanzar por el camino menos arriesgado y de menor costo. La calidad y el impacto en el cliente pasan a segundo plano, tras el precio.[14]

Así, nunca llegarás a la luna. «El liderazgo», como dice Sheryl Sandberg, la célebre directora de operaciones de

Facebook, «es el arte de lograr más de lo que la ciencia de la administración te enseña que es posible». Y eso, dice ella, requiere una visión «que pueda llevarte desde donde estás hasta el futuro más que previsible».[15] Entonces, ¿cómo defino este ingrediente esencial?

EL DIFERENCIAL LÍDER-GERENTE

Líderes	Gerentes
Crean y proyectan la visión	Reciben y ejecutan la visión
Inspiran y motivan	Mantienen y administran
Pesan y corren riesgos	Controlan y minimizan riesgos
Se enfocan en el largo plazo	Se enfocan en el corto plazo

El ingrediente esencial

La visión, tal como la veo, es una imagen clara, inspiradora, práctica y atractiva del futuro de tu organización. No tiene que ser a diez o veinte años más adelante, aunque eso podría ser útil.[16] Estoy hablando de un futuro visualizado, por lo general, de tres a cinco años; superior al presente, que te motive, que guíe la estrategia diaria y la toma de decisiones, y alrededor del cual tu equipo pueda unirse. Sin eso, estás votando efectivamente por el *status quo*. Tu organización no necesita un líder a menos que quieran cambiar. No se necesita un líder para mantener el *status quo*. Un gerente competente lo hará bien. Sin embargo, si consideras que el *status quo* es inaceptable y deseas enfocar tus esfuerzos, energizar a tu equipo y mejorar tu negocio, debes ser un líder guiado por la visión.

De eso es que trata este libro. Al formular una visión convincente del futuro, como lo hizo Kennedy, los líderes pueden lograr lo que antes se consideraba imposible. Pueden desarrollar estrategias significativas, atraer talento

VISIÓN   SIN VISIÓN

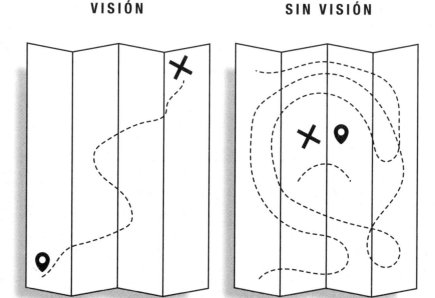

La visión es la diferencia entre saber a dónde vas y viajar en círculos.

óptimo y llevar sus organizaciones a posiciones nuevas y emocionantes. Pero para muchos líderes, no es tan fácil o sencillo como parece. Tú pudieras ser uno de ellos, realmente no puedo culparte.

En su libro *Lo que no sabe sobre el liderazgo, pero probablemente debería*, el profesor Jeffrey Kottler —de Baylor— define la visión como la «tarea inicial» de los líderes.[17] Es lo primero, la máxima prioridad.

Sin embargo, en mi experiencia como presidente y director ejecutivo de Thomas Nelson Publishers, una de las editoriales en inglés más grandes del mundo antes de haberla adquirido HarperCollins en 2011; y ahora como presidente de mi propia compañía de coaching de liderazgo, encuentro que muchos líderes son más como Bush que como Kennedy.

Aunque no sea adrede, a menudo son desdeñosos, confusos y mal capacitados para crear visiones convincentes en sus organizaciones. ¿Por qué? Veamos los siguientes problemas a medida que avanzamos hacia la solución.

1. Los líderes minimizan la necesidad. Bush estaba impaciente por desarrollar su visión, la misma tendencia que veo entre algunos de los dueños de negocios y ejecutivos que he entrenado a lo largo de los años. Incluso trabajé para un presidente corporativo que era así. No dedicaba tiempo a la visión. No creía que fuera su fortaleza ni incluso su responsabilidad.

Al contrario, nombró un comité, me encargó del mismo y dijo: «Ustedes hacen lo de la visión. Establezcan una acerca de hacia dónde vamos y luego infórmenme lo que decidan». En vez de encargarnos de eso solos, él podría —debería— haberse unido a nosotros en la mesa. Si lo hubiera hecho, sus ejecutivos podrían haberle planteado el tipo de preguntas de sondeo necesarias para llegar a una visión que él pudiera respaldar, el tipo de preguntas en las que se basa este libro. Más sobre esto en un momento.

Mi antiguo jefe no es el único. El liderazgo contemporáneo sufre de un déficit de visión. Según un estudio de 466 compañías, los encuestados identificaron lo siguiente como una de las deficiencias corporativas más importantes: «Los líderes que pueden crear una visión convincente e involucrar a otros a su derredor». Lo que es más, esa «necesidad era una de las principales prioridades y también era percibida como la competencia más escasa en los líderes de la próxima generación».[18] De manera similar, en su trabajo analizando cientos de evaluaciones gerenciales de 360 grados, Herminia Ibarra —profesora de INSEAD— afirma que la visión es una habilidad de liderazgo en la que la mayoría de los temas escasean.[19] Un gran número de líderes ve la visión como algo secundario. Eso se debe a que hay una acción sesgada inherente al liderazgo. La ejecución, después de todo, está —justo ahí— en la palabra: *ejecutivo*. Estos líderes limitan su trabajo a la ejecución efectiva de sus objetivos momentáneos. Eso es necesario, pero insuficiente. La ejecución es solo parte de la imagen. Sin un destino y las personas que te acompañen a ese destino, podrás estar ocupado, pero no lo estarás liderando tu empresa.

Parte de eso puede explicarse porque a los líderes no se les ha entrenado en cuanto a los beneficios y la recompensa que el hecho de ser guiados por la visión brinda a su organización. La autora Suzanna Bates observa: «La confianza y la visión concertadas, generan un tipo distinto de optimismo en una organización. Promueven la sensación de que es bueno arriesgarse, probar algo nuevo y continuar adelante. Cuando los líderes confiados expresan una visión transformadora, inspiran a los que los rodean a actuar con audacia».[20]

Una de las cosas que tenemos que hacer como líderes es crear o señalar un propósito y una historia más amplios. Nuestros equipos quieren algo que demande su mejor esfuerzo, que requiera la innovación de su pensamiento, que inspire su imaginación. Y depende de nosotros preguntarnos: ¿crea ese tipo de inspiración lo que estamos tratando de hacer como organización? ¿Es algo desafiante o simplemente de negocios, como de costumbre?

2. Los líderes están confundidos con la visión. Una de las razones por las que hay una ausencia de liderazgo guiado por la visión en estos días se debe a un malentendido sobre la visión. Como verás en la pregunta 3, visión no es lo mismo que misión. Tampoco es lo mismo que estrategia, algo que cubriremos en la pregunta 6.

La visión es ver cuál podría ser el futuro, y luego articular ese potencial de una manera inspiradora, clara, práctica y atractiva; lo que llamo el guion de la visión, que los equipos del líder pueden seguir en el futuro. Eso es lo que hicieron líderes guiados por la visión como George Eastman con la fotografía, Henry Ford con el automóvil y Steve Jobs con la computación personal. Ellos sabían instintivamente que las personas están buscando algo en lo que creer, un resultado que acoger, una aspiración ganadora.

Los líderes también cometen el error de pensar que la visión es una cualidad estática o una peculiaridad de la personalidad; o tienes una visión poderosa —como Kennedy— o —como Bush— no la tienes. Pero una visión convincente del futuro es realmente algo que cualquiera puede desarrollar si sabe cómo. Y es algo vital para desarrollar, porque nuestro éxito y fracaso definitivos están en juego. Te alegrará saber que las preguntas de este libro te indicarán el camino.

Cuando tenemos una visión convincente y unificadora del futuro —y cuando la comunicamos al equipo con pasión y propósito— eso puede motivar a las personas a lograr cosas asombrosas. Los que carecen de visión o —más aun— no le prestan la atención adecuada, no están preparados para el desafío del liderazgo.

He sido testigo de este poder transformador de la visión al entrenar a miles de líderes empresariales para que ganen en el trabajo y triunfen en la vida. Pero la visión solo funcionará si estás dispuesto a hacer el trabajo necesario para crear una. Kennedy hizo el arduo trabajo de aclarar lo que quería y Estados Unidos respondió haciendo lo imposible. Me pregunto si Bush alguna vez se arrepintió de haber evadido ese viaje a Camp David.

3. Los líderes no se sienten equipados. Una de las razones por la que los líderes minimizan la visión o no ven la necesidad de ella es la autoprotección. Se sienten mal equipados para crear y proyectar una imagen convincente del futuro. Al igual que mi antiguo jefe, la perspectiva los deja sintiéndose incómodos o peor.

A nadie le gusta hacer algo que se sienta ajeno a su conjunto de habilidades, pero este desafío es especialmente difícil para los líderes. ¿Por qué? Porque asumimos que se

⊕

VALOR

VISIÓN DE LA EMPRESA

PLAN ANUAL

METAS TRIMESTRALES

OBJETIVOS SEMANALES

TAREAS DIARIAS

⊖ **TIEMPO** ⊕

Si tú, como líder, comparas las perspectivas temporales, las tareas diarias y semanales pueden parecer más importantes que tu visión: ¡la ves muy lejos! Pero si observas el valor relativo, trabajar en tu visión se destaca como la tarea más importante en la lista de un líder. En la pregunta 6, mostraré cómo funcionan estas actividades juntas.

supone que ellos tienen todas las respuestas. Se supone que son los más competentes, los que tienen más control. Que los líderes tengan poca visión es como admitir una debilidad o una deficiencia. Parece más fácil minimizar «el asunto de la visión» y pasar a las tareas en las que ellos se destacan: estrategia, ejecución, trabajo en equipo, lo que sea.

En Michael Hyatt & Co. realizamos entrenamientos intensivos de liderazgo a través de nuestro programa BusinessAccelerator. A menudo escucho hombres y mujeres que iniciaron un negocio o se vieron promovidos a puestos de responsabilidad y ahora sienten la presión propia de ese nivel. Saben que eso implica visión, pero no se sienten preparados. Algunos sienten que son impostores, como si fuera solo cuestión de tiempo antes que los descubran y lo pierdan todo.

He pasado por eso. Lo entiendo. Y hay una razón simple para que esa sensación predomine. Nunca han tenido el entrenamiento para crear una imagen convincente del futuro, algo deseable, emocionante y desafiante que motive a sus equipos. Si ese eres tú, tengo buenas noticias. *El líder guiado por la visión* te mostrará cómo crear una visión convincente y utilizarla para guiar a tu empresa a avanzar con intención y energía.

Tu plan para el éxito guiado por la visión

Elegiste este libro porque eres un líder o aspiras serlo. *El líder guiado por la visión* está organizado en torno a una serie de diez preguntas que te ayudarán a crear y proyectar tu visión; hacerla clara, inspiradora y práctica; venderla a tu equipo; y superar los desafíos que surjan.

Juntas, las preguntas funcionan como una herramienta de diagnóstico para ayudarte a enfocarte en lo que vale y obtener las respuestas que necesitas para canalizar tus esfuerzos, dinamizar a tu equipo y hacer crecer tu negocio más de lo que creías posible. Estas preguntas también actúan como las partes entrelazadas de un probado sistema creador de visión; abórdalas francamente y te irás con una poderosa visión que puedes implementar en tu organización. Permíteme explicarte brevemente cada una de ellas antes de explorarlas en profundidad en las páginas siguientes.

Pregunta 1: ¿Eres líder o gerente? Como ya sabes al leer hasta aquí, ambos roles son valiosos y necesarios para que cualquier negocio triunfe. Pero, como también sabes, son roles muy diferentes. Los líderes y los gerentes ven el mundo y enfocan su trabajo a través de diversos lentes. Al confundir estos roles, las empresas andan a la deriva, luchan y, al fin, fracasan.

Pregunta 2: ¿Qué diferencia hace la visión? Después, descubriremos los seis errores de los líderes con déficit de visión. No te preocupes si alguno toca una de tus cuerdas sensibles. Tocaron algunas de las mías, sobre todo al principio de mi carrera. En esta pregunta, revelaré cómo aprendí el valor de la visión de una de las formas más difíciles posibles: mi propio y colosal fracaso comercial. En ausencia de un enfoque futuro, los líderes frustran a sus equipos y desperdician valiosos recursos, tiempo y talento; veremos una empresa, por ejemplo, que gastó novecientos millones de dólares en fondos antes de retirarse porque no tenían una visión clara del futuro.

Pregunta 3: ¿Qué quieres? Aquí diferenciaremos la misión y la visión, por lo que les diré en qué modo me ayudó la visión a salvar una división moribunda cuando inesperadamente me encontré como jefe del departamento. Cubriremos tres consejos para componer un poderoso guion para la visión en torno a cuatro futuros interrelacionados: el futuro de tu equipo, el futuro de tus productos, el futuro de tus esfuerzos de ventas y *marketing*, y el futuro del impacto que tu empresa puede hacer en el mundo.

Pregunta 4: ¿Es clara? Ahora que has identificado lo que quieres, el siguiente paso es asegurarte de que lo que está en tu cabeza esté claro para que puedas comunicarlo de manera eficaz. Aquí te guiaré a través de las tres minas terrestres que debes evitar cuando te dirijas a tu equipo: comunicación intuitiva, confusa y absolutamente nublada. La claridad llega cuando tu visión es concreta más que abstracta y tu comunicación es explícita más que implícita. Hablaré de un modelo sencillo, la cuadrícula de la visión, para ayudar a visualizar lo que implica la verdadera claridad.

Pregunta 5: ¿Inspira? Si el guion de tu visión no enciende tus cohetes, no podrás ayudar a tu equipo a alcanzar el despegue, y es posible que algunos ni siquiera te acompañen en la plataforma de lanzamiento. Es por eso que, después de la claridad, es esencial que tu visión sea inspiradora para ti y para los demás. Aprenderás el valor de centrarte en lo que no es más que en lo que es. Verás el beneficio de una visión exponencial sobre una visión incremental. Discutiremos en cuanto a la diferencia entre una visión que es arriesgada y una que es simplemente estúpida. Y también veremos por qué el guion de tu visión debería centrarse en *lo que* imaginas, no en *cómo* lo vas a hacer.

Pregunta 6: ¿Es práctica? Una visión convincente hace más que imaginar un futuro deseado. Es lo suficientemente práctica como para guiar tus acciones en el presente, sobre todo en dos áreas clave: tu plan y tu gente. Sin ella, contratarás pésimamente, trabajarás sin rumbo y pasarás las semanas y los meses en actividades insignificantes en lugar del tipo de esfuerzo enfocado que se requiere para llegar a tu destino. *Pregunta 7: ¿Puedes venderla?* La prueba más segura del guion de tu visión es si puedes venderlo a tu equipo. Cuando creas tu visión por primera vez, es cemento húmedo. Debes involucrar a las partes clave interesadas antes de que la finalices y la implementes en toda la empresa. Esto requiere un poco de movimiento. Aquí te ayudaré a venderla en la parte superior de la cadena, en la parte inferior de la cadena, en toda la organización e incluso fuera de la empresa. Sin eso, no tendrás el impacto deseado.

Pregunta 8: ¿Cómo deberías enfrentar la resistencia? Toda visión encuentra resistencia. Es algo inherente al acto de tomar lo que no es y hacerlo realidad. Pero, como solía decir un colega mío: «Si fuera fácil, no nos necesitarían». Tu contribución es valiosa precisamente porque el trabajo de cambio es desafiante. Aquí proporciono cuatro tácticas para continuar adelante cuando surge la resistencia, así como tres rasgos de carácter para combatirla: *tenacidad* frente al rechazo, *integridad* cuando seas tentado a transigir y *valor* frente a lo que llamo deriva. Compartiré una historia aquí sobre un obstáculo que casi descarriló todo mi esfuerzo de regreso. La resistencia es parte del hacer realidad cualquier visión. El líder guiado por la visión acepta esto como parte de la jornada en el camino hacia el futuro deseado.

Pregunta 9: ¿Es demasiado tarde? Detrás de esta pregunta acecha la sensación persistente, para algunos, de que la ventana ya se ha cerrado para convertirse en un líder guiado por la visión. No se ha cerrado y hablaré de dos conceptos para probarlo: el arco de la visión y la visión zigzagueante. Como lo muestran compañías como Marvel, LEGO, Amazon, Microsoft y Slack, nunca es demasiado tarde para lanzar una visión nueva y ganadora. *Pregunta 10: ¿Estás listo?* Las estadísticas sobre emprendimientos en este país no son alentadoras en este momento. Me gusta pensar que cuando lleguemos al final de nuestra jornada, tendrás todo lo que necesitas para encender tu JFK interno, convertirte en un líder guiado por la visión y mejorar esos números. Terminaré con cinco pasos sencillos para ayudarte a triunfar en el desarrollo y entrega de un guion de la visión que te ayude a ti y a tu organización a prosperar en un futuro nuevo y mejor.

Si deseas un poco de ayuda adicional para redactar el guion de tu visión, he creado una nueva herramienta interactiva gratuita llamada Vision Scripter (o redactor de la visión) para aclarar tu visión, redactar el guion de tu visión y luego compartirlo con tu equipo. El Vision Scripter utiliza entrenamiento por video, preguntas y claves para hacer que escribir una visión convincente sea simple y fácil. Compruébalo en VisionDrivenLeader.com.

¿Cuál es tu disparo a la luna?

¿Tienes una visión que impulsa la trayectoria de tu empresa, un destino que estimula tanto a inversores como a empleados? ¿Y qué hay de un resultado emocionante que deleite a tus clientes? No estoy hablando de aumentar tus ventas en un tres por ciento año tras año, reducir los gastos generales o repavimentar el estacionamiento. Eso es lo de siempre.

La visión tiene que ver con trazar la imagen de un futuro irresistible. Estarás en el camino correcto si tu visión es grande y lo suficientemente desafiante como para asustarte un poco. Eso debería hacer. Si no es así, es probable que sea demasiado pequeña. Los disparos a la luna tienen que ver con cambiar al mundo o, al menos, la esfera que influyes dentro de él. Y estoy seguro de que esa esfera es mucho más grande de lo que actualmente te das cuenta. La mera audacia de una visión inspiradora es como un rayo eléctrico, un golpe al sistema, uno que enciende y aprovecha el impulso del equipo para apoderarse del futuro.

Entonces, ¿eres líder o gerente? Si eres líder, o si quieres convertirte en uno, y si anhelas estar equipado para crear y proyectar una visión para tu organización, sigue leyendo. Ya estás a una décima parte del camino.

La visión no es una garantía. Muchas visiones fallan. Pero no tenerla garantiza el fracaso. Es solo cuestión de tiempo antes de que el estancamiento o las fallas estratégicas te roben tu futuro. Lo sé porque lo he experimentado directamente. Contaré la historia a continuación, en la pregunta 2.

Inicia el guion de tu visión

Vision Scripter, o redactor de la visión, es un sistema simple e interactivo que te permite crear tu guion de la visión de una manera más fácil y rápida.
Pruébalo gratis en VisionDrivenLeader.com

¿Qué diferencia hace la visión?

Los errores de los líderes con déficit de visión

> Debes tener cuidado si no sabes a dónde vas, porque es posible que no llegues.
>
> **YOGI BERRA**[1]

Después de mis primeros inicios en dos editoriales, Word Publishing y Thomas Nelson, me emocionó comenzar una editorial propia. ¿Qué tan difícil podría ser? Solo tenía treinta y un años pero, mi socio comercial —Robert Wolgemuth— y yo sabíamos que estábamos listos. Ambos éramos optimistas, audaces, determinados y llenos de suficiente energía e ideas para iluminar una ciudad pequeña.

¿Cuál fue nuestra visión para esta nueva operación? Ambos habíamos visto a los publicadores adquirir magníficos libros, títulos que consideramos notables y significativos. Pensamos que todo lo que teníamos que hacer era obtener una parte de esa operación y prosperaríamos.

Estábamos convencidos de que podríamos sobresalir en el mundo si descubríamos joyas en bruto que los gigantes corporativos no veían.

Eso fue lo más que reflexionamos en nuestra visión comercial y las cosas salieron tan bien, al comienzo, que no supimos que era un problema hasta que fue demasiado tarde.

¡Jonrón!

Publicamos cinco títulos en 1989, que también fue el año de nuestro primer gran salto. En octubre de 1988, los Dodgers de Los Ángeles ganaron la Serie Mundial. Al mes siguiente, a través de un amigo común, Robert y yo conseguimos una cita con Orel Hershiser, el lanzador estrella de los Dodgers.

Primero conocimos a Orel, su esposa, y su agente en Washington, D. C., y tuvimos una conversación muy prometedora. Parecía entusiasmado con la posibilidad de trabajar con nosotros. Luego viajamos con nuestros nuevos amigos a Nueva York en un jet privado, donde cenamos juntos. Estupendo trabajo para un par de jóvenes osados de Nashville, Tennessee.

Fue emocionante pero, por supuesto, ir a la Gran Manzana significaba que competiríamos por el libro contra los publicadores de Nueva York. Estaríamos apostando contra las casas editoriales más grandes del planeta. Ellas subirían el anticipo de regalías para el libro. Solo podíamos esperar haber causado una impresión lo suficientemente favorable como para que Orel publicara con nosotros a pesar del dinero.

En diciembre, el agente de Orel nos llamó. «Tengo buenas noticias», dijo. «A Orel le gustaría publicar su libro con ustedes, siempre que estén dispuestos a pagar un adelanto de regalías de..». Nos dio la cantidad en dólares; era una cifra alta, pero no tanto. Sin dudarlo un momento, Robert y yo dijimos: «Absolutamente. ¡Cuenta con nosotros!». Entonces le prometimos tenerle el contrato al día siguiente. Colgamos el teléfono y chocamos los cinco. «Solo hay un problema», dije, pensando de nuevo en el adelanto. «¿De dónde vamos a sacar el dinero?». Robert se rio. «Oh, es cierto», dijo, «¡eso!». De repente, no sabíamos si debíamos celebrar o lamentarnos.

Llamamos a uno de nuestros inversores, que también formaba parte de nuestra directiva. Le contamos que conocimos a Orel y la decisión de su agente de darnos la oportunidad de publicar el libro. «Muy bien, muchachos —dijo—. ¡Estoy orgulloso de ustedes!». Luego le explicamos el problema del dinero.

«Estamos seguros de que este libro será un éxito de ventas, por lo que solo necesitamos un préstamo a corto plazo —dijimos—. ¿Puedes ayudarnos?». Contuvimos el aliento.

Para nuestra sorpresa, él dijo: «Por supuesto, muchachos. Esto va a ser tremendo». Estábamos eufóricos. Luego agregó una condición: «Solo necesito que hagan una cosa. Como parte del acuerdo de préstamo, necesito que me entreguen todos los certificados de acciones de su empresa como garantía. Si están dispuestos a hacer eso, podemos concretar esto». Él no iba a arriesgar ese tipo de dinero a menos que nosotros arriesgáramos algo también en el proyecto. Aceptamos.

Firmamos un contrato editorial con Orel y produjimos su libro en menos de cien días. *Out of the Blue* debutó en la lista del *New York Times* el 23 de abril de 1989, en el número cinco y permaneció allí durante varias semanas. Pudimos pagar a nuestro inversor, que estaba emocionado. Nuestras familias también lo estaban, ya que no necesitamos entregar nuestro negocio y mudarnos de nuestros hogares. Fue uno de esos momentos en que todo, simplemente, funcionó. Y no fue solo esa vez. Esos primeros años fueron increíbles. Estábamos publicando de todo: no ficción, ficción, libros infantiles. Incluso comenzamos a trabajar en una Biblia, un proyecto extraordinariamente complejo para una editorial pequeña como la nuestra. ¿Fue inteligente pretender tanto o aspirar tanto? ¿Quién podría decirlo? Sin una visión que dirigiera nuestra estrategia, aprovechamos las oportunidades que parecían buenas en ese momento. Y el plan funcionó muy bien, hasta que no pudo dar más resultado.

Ponchado

Para 1990, habíamos crecido a cuarenta y tres títulos principales, catorce empleados y cinco millones de dólares en ingresos anuales. Nada mal para un magro y mediano equipo con una fuerza de ventas de tres personas. Fue entonces cuando comenzamos a imaginar a dónde llegarían nuestros ingresos si pudiéramos aprovechar una relación con un gran distribuidor de libros. Más representantes de ventas equivalen a más ventas o, al menos, eso pensamos.

Estábamos convencidos de que encontrar un importante socio de distribución nos llevaría al siguiente nivel. Por supuesto, sin una visión pertinente, no teníamos forma de definir cuál era ese «próximo nivel». Todo lo que sabíamos era que nuestros tres representantes de ventas estaban en camino a entregar cuatrocientos mil dólares al mes. Firmamos con una compañía que tenía veinte representantes de tiempo completo, nuestro antiguo empleador, Word Publishing. Acordaron encargarse de la distribución de nuestros títulos, por lo que pensamos que al menos duplicaríamos nuestros números. Despedimos a nuestros propios muchachos —con confianza— y nos abrochamos el cinturón para algo grande.

Sin embargo, no lo logramos. En el primer mes, nuestro nuevo distribuidor despachó cuarenta mil dólares en ventas. Un error, ¿no es así? ¿Cómo podría una fuerza de ventas de ese tamaño vender una décima parte de lo que estábamos haciendo por nuestra cuenta? El alcance y la complejidad de nuestra línea de productos probablemente no nos ayudaron. Cualquiera sea el problema, el negocio editorial es muy intenso en cuanto a capital y deficiencias como esa son catastróficas. Estábamos en una curva de crecimiento bastante significativa y necesitábamos invertir en adelantos de inventario y regalías para nuevos autores. Requerimos nuestras reservas de efectivo limitadas para mantener las prensas en funcionamiento, cubrir la nómina, firmar nuevos proyectos y mantener las luces encendidas. Presionamos el botón de pánico y programamos una llamada de emergencia con uno de los ejecutivos de nuestra empresa asociada.

«No se preocupen», nos tranquilizó. «Sé que es un poco más lento de lo que anticipamos, pero todo va a salir bien. Los chicos de aquí se están acostumbrando a sus productos. Ya saben, solo es parte de la puesta en marcha. Todo va a salir muy bien el próximo mes».

«Esperemos que sí», afirmamos. «No podemos continuar en esta trayectoria de ventas y sobrevivir. ¡Esto nos matará!».

Él tenía una solución provisional. Nos ofreció lo siguiente: «¿Por qué no les adelantamos lo que necesitan como préstamo a corto plazo en base a sus ventas futuras?

Mi socio y yo teníamos **pasión**. Teníamos **impulso**. Teníamos ideas. Teníamos **ejecución**. Y teníamos **confianza** de sobra. Pero nada de eso fue suficiente para reemplazar la **visión**.

Sabemos que los números van a llegar. Simplemente les pagaremos por adelantado contra esas ventas futuras». Agarramos el salvavida. Nuestro socio distribuidor nos adelantó un par de cientos de miles de dólares. No fue suficiente, pero retrasamos algunos pagos, lo hicimos funcionar y esperamos lo mejor. Sin embargo, el cambio nunca se materializó. La compañía entregó un cheque por 45.000 dólares el próximo mes y, durante los siguientes meses, nunca excedió los 60.000 dólares.

En unos pocos meses, estábamos enredados por 1,1 millones de dólares en adelantos por ventas. Para asegurar esos préstamos, sin los cuales hubiéramos caído en picada gracias al reducido volumen de ventas, tuvimos que incluir todos nuestros activos —desde los contratos de publicación hasta los muebles de oficina— como garantía. Y esa fue nuestra ruina. Sin que lo supiéramos nosotros —ni ellos— en ese momento, el propietario de la empresa con la que nos habíamos asociado, Capital Cities/ABC, estaba negociando la venta de la compañía.

Al fin, recibimos una llamada telefónica. «No sé cómo decirles esto», dijo el ejecutivo de nuestro socio, «pero ellos están cobrando el préstamo de ustedes para limpiar nuestra deuda».

Nos dieron treinta días para pagar. No había manera. Nuestro sueño terminó después de cuatro años. Robert y yo estábamos aplastados. Todavía recuerdo ese día en abril de 1992 cuando un camión de dieciocho ruedas se detuvo en nuestras oficinas en Brentwood, Tennessee, y se llevó todo. Ni siquiera nos quedaban sillas para sentarnos. No pudimos indemnizar a nuestro personal. Tuvimos que abandonar los proyectos, incluido el libro de un autor que estaba en imprenta y programado para imprimir el día que cerraron nuestras puertas.

Cuando la gente me pregunta sobre ese fracaso comercial digo, en retrospectiva, que no me gustaría repetir eso nunca, pero tampoco lo cambiaría por nada del mundo. ¿Por qué? Algunas de las lecciones más valiosas que aprendí en los negocios provienen de esa experiencia. Una es la principal, fundamental y elemental importancia de la visión. En 1998 volví a Thomas Nelson y avancé a través de la compañía con la fuerza de esa idea, llegando a ser ejecutivo y presidente. Y como para demostrar que Dios tiene sentido del humor, Nelson era la misma compañía que había comprado Word solo seis años antes.

Robert y yo teníamos pasión. Teníamos impulso. Teníamos ideas. Teníamos ejecución. Y teníamos confianza de sobra. Pero nada de eso fue suficiente para reemplazar la visión. La pasión y el resto pueden alimentar la misión, pero la visión es la estrella guía que te lleva allí.

Seis errores de los líderes con déficit de visión

¿Qué hace destacar la visión? A medida que he estudiado la pregunta, trabajado con empresarios y ejecutivos, y dirigido organizaciones, he descubierto que los líderes con *déficit* de visión tropiezan precipitadamente con uno o más de seis errores: falta de preparación para el futuro; oportunidades perdidas; prioridades dispersas; traspiés estratégicos; desperdicio de dinero, tiempo y talento; y salidas prematuras. Veamos uno por uno.

1. Falta de preparación para el futuro. Si bien nadie puede ver el futuro, la visión puede aclararlo y preparar a una empresa para lo que está en el horizonte. Una de las mejores historias que sé para ilustrar el punto comienza a principios del siglo veinte.

Las fotografías eran algo extrañas cuando George Eastman comenzó a hacer cámaras a finales del siglo diecinueve. El voluminoso equipo y los peligrosos productos químicos requerían de usuarios expertos. Como resultado, la persona promedio «se haría una foto» solo una o dos veces en toda su vida. Eastman estaba decidido a simplificar la fotografía, «para hacer la cámara tan conveniente como el lápiz».[2]

En 1900, Eastman y su compañía, Kodak, presentaron la Brownie, una cámara instantánea simple precargada con película y el eslogan: «Usted presiona el botón, nosotros hacemos el resto». Los estadounidenses compraron más de 250.000 unidades en el primer año de producción. Prácticamente, de la noche a la mañana, la cámara de Eastman transformó la forma en que el mundo captaba y perpetuaba los recuerdos. Nació el «momento Kodak».

Durante los siguientes noventa años, Kodak y su película dominaron el mercado de la fotografía, con un noventa por ciento de participación. Pero Kodak se volvió indulgente, e incluso antagónica, en cuanto a la innovadora visión enfocada en el cliente que inspiró a su fundador. El ejemplo principal es lo que finalmente destruyó la empresa.

En 1975, mucho antes de que la tecnología estuviera en el radar de sus competidores, un ingeniero eléctrico de Kodak llamado Steven Sasson inventó la primera cámara digital. Por desdicha, el liderazgo de Kodak no podía, o no quiso, imaginar un futuro sin película. No podían imaginar un modelo de negocio rentable ajeno a lo que ya existía. «Era una fotografía sin película», dijo Sasson, «por lo que la reacción de la gerencia fue decir que "eso es lindo, pero no se lo digas a nadie"».[3]

Cuando el vicepresidente Don Strickland aconsejó que trabajaran en el campo digital, el liderazgo de la compañía lo abatió. «Desarrollamos la primera cámara digital del mundo y Kodak podría haberla lanzado en 1992», dijo Strickland. «No pudimos obtener la aprobación para lanzarla o venderla por temor a la canibalización de la película».[4] En vez de revolucionar su industria y seguir la visión de su fundador de una fotografía conveniente para las masas, Kodak suprimió la innovación dentro de su propia organización. Como resultado, no estaba listo para la ola de innovación que había en el horizonte. Cuando Kodak finalmente adoptó la tecnología pionera, el futuro ya los había pasado de largo. Y, como estoy seguro de que lo sabes, hay más en esa historia.

«No hay razón para que alguien quiera una computadora en su casa». Así lo dijo Ken Olsen, fundador de Digital Equipment Corporation (DEC), en 1977.[5] En contraste, el fundador de Apple, Steve Jobs, predijo: «La razón más convincente para que la mayoría de las personas compren una computadora para el hogar será vincularla a una red de comunicaciones a nivel nacional».[6] Y Jobs hizo esa declaración cuatro años antes de la invención de la *World Wide Web* (la red mundial).

La visión de Jobs no es que fuera algo inevitable. La única conclusión previsible segura es que hay muy pocas conclusiones previsibles. Pero como líder guiado por la visión, Jobs pudo imaginar y luego prepararse para la posibilidad. Como resultado, el mercado de computadoras domésticas fue un territorio fértil para el crecimiento futuro de Apple. Olsen se encerró en el presente, su falta de visión implicaba que DEC no se preparó; por eso, ¿cuándo fue la última vez que escuchaste el nombre de DEC?

A menudo vuelvo a algo que la esposa de Jobs, Laurene Powell, afirmó durante su funeral, en 2011: «Es bastante difícil ver lo que yace ahí, eliminar los muchos impedimentos a una visión clara de la realidad; pero el don de Steve era aun más grande: él veía claramente lo que no existía, lo que podía existir, lo que tenía que estar allí... se imaginaba lo que le faltaba a la realidad y se disponía a remediarla».[7]

Jobs vio que la potencia informática estaba reservada principalmente para grandes corporaciones y pequeñas empresas. Pero faltaba esa realidad, y podía sentirla. Entonces, en vez de simplemente imitar lo que IBM, Hewlett-Packard, Compaq y Commodore estaban haciendo en el espacio de las pequeñas empresas, Jobs miró más adelante. Vio que, como dijo, «las computadoras serán esenciales en la mayoría de los hogares»[8] y se propuso crear una «computadora domesticada».[9] Lo que le faltaba a la realidad.

Hizo lo mismo con la introducción revolucionaria del iPhone, que optó por una pantalla táctil en un momento en que estaban de moda los dispositivos Palm y BlackBerry con sus teclas torpes. Lo que me lleva de vuelta a Kodak.

A partir de 2017, un estimado de 1,2 billones de fotos digitales son tomadas anualmente por más de mil millones de consumidores equipados con teléfonos inteligentes, la máxima conveniencia en fotografía.[10] Ya sea para publicar una foto de un gato bailando, o para captar y preservar grandes momentos emocionales como una boda, el nacimiento de un niño o un triunfo deportivo, hoy tomamos más fotos en dos minutos que todas las fotos tomadas durante los primeros cien años de la película.[11]

> **La visión nos mantiene en sintonía con las posibilidades que se alinean con el futuro que vemos.**

El experto informático Alan Kay es famoso por decir: «La mejor manera de predecir el futuro es inventándolo».[12] La visión es el primer paso para hacerlo. Sin ella, los líderes no están preparados para lo que viene después. A través del iPhone de Steve Jobs y los innovadores e imitadores que han seguido sus pasos, la visión de George Eastman sigue viva. Mientras tanto, el obturador casi se ha cerrado en Kodak.

2. Oportunidades perdidas. No estar preparado para el futuro es lo mismo que pasar por alto las oportunidades clave en el presente. ¿Por qué? Porque la visión nos mantiene en sintonía con las posibilidades que se alinean con el futuro que vemos. Sin visión, esas oportunidades se pasan por alto.

En 1982, tres exejecutivos de Texas Instruments vieron una apertura en el mercado de la tecnología emergente y, en ocho cortos meses, despacharon la primera computadora Compaq. Fui uno de los primeros en usarla, uno de muchos. Compaq batió el récord del «primer año de ventas de cualquier compañía en la historia comercial de los Estados Unidos: 111.000.000 de dólares».[13] La empresa emergente se convirtió en la compañía más rápida en la historia en cruzar el umbral de ventas de mil millones de dólares.[14] Para 1987, una de cada seis computadoras personales vendida por los distribuidores era Compaq.[15] Una década más tarde, su crecimiento fenomenal convirtió a Compaq en el «indiscutible líder mundial de la industria de PC (computadoras personales)», vendiéndoselas principalmente a empresas.[16] ¿Y ahora?

El éxito de Compaq los llevó a apartar la vista de las tendencias en la industria. Necesitaban una nueva visión para sostener y hacer crecer su negocio pero, en lugar de centrarse en el futuro, estaban atrapados en el presente. En vez de enfocarse en los cambiantes apetitos de los consumidores, se dedicaron al doble en más de lo mismo, adquiriendo Digital Equipment Corporation en 1998 por 9.6 mil millones de dólares.[17] Efectivamente, el mismo DEC mencionado en el error anterior, lo cual debería decirte hacia dónde iba todo eso.

Mientras Compaq estaba ocupado metabolizando la adquisición de DEC, Apple, Dell y Gateway aprovecharon un mercado hambriento de computadoras para el hogar, y Compaq giró demasiado tarde. Tres años después, Dell pasó a Compaq como líder de la industria en ventas de PC.[18]

¿Por qué Compaq pasó por alto la explosión del mercado directo al hogar del consumidor? Al reflexionar en sus días de gloria, su vicepresidente de *marketing* para Norteamérica, Gian Carlo Bisone, dijo: «El crecimiento es el peor desodorante. Oculta muchas cosas». Daryl White, director financiero, haciendo por su parte un examen de conciencia, admitió: «Solo vimos nuestro propio éxito».[19] Una complicación adicional de su situación después de su fusión con DEC fue que «la compañía combinada carecía de dirección».[20] Traducción: carecían de una visión.

Esa historia contrasta con la de Nick Swinmurn y Tony Hsieh. En 1999, Swinmurn tuvo la loca idea de vender zapatos en línea. Los inversores pensaron que no despegaría nunca. Se imaginaron demasiados desafíos logísticos y de servicio al cliente. Además, la oportunidad parecía minúscula. En ese momento, la comparación más cercana era la venta de zapatos por correo, que era un mísero cinco por ciento del mercado. No es sorprendente que la mayoría de los inversores no respondieran sus llamadas. Pero Hsieh escuchó algo en el tono de Swinmurn que hizo que sus oídos se animaran. El negocio de pedidos por correo era solo el

Muchos líderes se centran en la estrategia, mientras que algunos enfatizan la misión de la compañía. Muy bien, pero si obvias el aporte de la visión, no obtendrás los resultados que deseas.

cinco por ciento del mercado, ¡pero ese mercado era de 40.000 millones de dólares!

Si las ventas por catálogo ya son dos mil millones, los desafíos logísticos y de servicio al cliente no deben ser tan importantes. ¡El mercado era potencialmente masivo! Entonces Hsieh invirtió y nació Zappos. Cuando finalmente vendió a Amazon una década después, la compañía valía 1,2 mil millones de dólares. Swinmurn les dijo lo mismo a todos, pero Hsieh miró los hechos con un sentido diferente de lo que era posible. La visión le permitió ver una oportunidad donde otros inversores solo veían obstáculos.

Muchos líderes se centran en la estrategia, mientras que algunos enfatizan la misión de la compañía. Muy bien, pero si obvias el aporte de la visión, no obtendrás los resultados que deseas.

3. Prioridades dispersas. Sin una visión, lo contrario también es un problema. Cuando no tenemos claro cuál es nuestro destino, tendemos a tomar decisiones de corto alcance, buscando cualquier oportunidad que se vea bien en el momento. Este fue uno de los principales errores que mi compañero y yo cometimos con nuestra empresa editorial. Como descubrimos dolorosamente, las oportunidades que parecen prometedoras pueden resultar desastrosas en una perspectiva más amplia.

La innovadora compañía de tecnología portátil Jawbone era una de las favoritas de Silicon Valley, financiada por cinco firmas de capital de riesgo de primer nivel. Pero todo su financiamiento fue como dar a un perro demasiada libertad. Sin una visión clara de hacia dónde iban, persiguieron demasiadas oportunidades, probando un producto tras otro, y desperdiciaron novecientos millones de dólares en fondos antes de explotar.

Algunos observadores culpan a la competencia de empresas más establecidas. «El fabricante de auriculares *bluetooth* convertidos en parlantes para facilitar la comunicación enfrentó una fuerte competencia de Apple y Fitbit», dijo uno.[21] Pero el problema más obvio está justo al comienzo de la cita. Jawbone nunca descubrió lo que quería ser cuando creciera. Ninguna cantidad de dinero puede salvarte sin visión; esto es especialmente cierto cuando eres rico en dinero en efectivo. Es tentador creer que puedes buscar docenas de buenas oportunidades y tener éxito en todas ellas. Pero eso no es cierto.

El siguiente titular se acercó a la verdad: «El fallecimiento de Jawbone es un caso de "muerte por exceso
de fondos" en Silicon Valley».[22] ¿Cómo podría ser un
problema el tener demasiado dinero? Si te impide decidir qué quieres que sea el futuro. Al final, Jawbone será
recordado principalmente como uno de los incompetentes
respaldados por empresas más grandes de la historia.[23]
La escasez nos obliga a preguntar qué es lo que realmente queremos y esa, como veremos, es una pregunta
crucial para los líderes guiados por la visión. La abun-
dancia de recursos puede ayudarnos a evadir el arduo
trabajo de aclarar nuestra visión.

Jawbone no tenía que terminar así. Como lo ha demostrado Apple, la fórmula ganadora es un enfoque incesante
en la creación de una gama de productos excelentes que
superen las expectativas del cliente y se alineen con tu
visión. Menos es más. Es por eso que a Jobs le apasionaba
el poder decir no a las oportunidades que no se alineaban
con su visión. Después de que la línea de productos de
Apple había crecido a 350 ofertas diferentes en ausencia de
Jobs, este la redujo a solo diez cuando regresó en 1998.[24]

«La gente piensa que enfocarse significa decir sí a
aquello en lo que tienes que enfocarte», dijo, en lo que
vino a ser una de sus frases famosas. «Pero eso no es lo
que significa en absoluto. Significa decir no a las otras
cien buenas ideas que hay. Tienes que escoger con cuidado. De hecho, estoy tan orgulloso de las cosas que no
hemos hecho como de las que he hecho. La innovación
es decir no a mil cosas».[25] Llegó a predicar ese mensaje
al entonces ejecutivo de Nike, Mark Parker.

Parker, según cuenta la historia, habló por teléfono con
Jobs después de tomar el timón en Nike. Le preguntó si

tenía algún consejo. «Bueno», dijo Jobs, «solo una cosa. Nike fabrica algunos de los mejores productos del mundo. Productos que anhelas. Pero también hace mucha basura. Simplemente deshazte de la basura y concéntrate en las cosas buenas».[26] El problema es que, en el momento, la basura generalmente se ve decente, incluso buena. Pero la visión puede ayudarte a separar lo aparentemente bueno de lo legítimamente grandioso.

4. Traspiés estratégicos. Aquí hay una verdad simple pero poderosa: el futuro aún no ha llegado. Es imaginario. No existe. Y puede tomar una de innumerables formas, dependiendo de las decisiones que tomemos en el presente. Resumiendo el aprendizaje de los primeros tres errores anteriores, la visión dirige nuestra toma de decisiones en el presente al prepararnos para el futuro, ayudarnos a detectar las oportunidades correctas y resguardarnos de las malas.

La visión, en otras palabras, nos ayuda a evitar errores y fallas estratégicas. Es un hecho que desearía haber sabido cuando comencé mi aventura editorial independiente, y es un hecho que se muestra en las historias de Kodak y Fujifilm. Ambas compañías se centraron en vender y desarrollar películas. Ambas utilizaron productos químicos y papeles especiales para desarrollar e imprimir el producto final. Las dos desarrollaron y comercializaron agresivamente cámaras desechables de 35 mm en un mercado mundial. Ambas compañías estaban en su apogeo en los albores de la revolución digital.[27] Pero Kodak se declaró en quiebra mientras Fuji prosperaba.

Entre 2000 y 2010, el mercado de las películas fotográficas se desplomó, cayendo entre veinte y treinta por ciento por año. El déficit de visión de Kodak significó una falta de imaginación e ingenio para responder a la crisis. Como vimos, no estaban preparados para el futuro. Con su mejor pensamiento, solo pudieron retrasar su desaparición. No fue así con Fujifilm, que encontró formas de diversificarse y prosperar. De hecho, mientras que las ventas de Kodak cayeron a la mitad, los ingresos de Fuji crecieron en más del mismo porcentaje. Como líder guiado por la visión, el presidente de Fujifilm estaba preparado para lo que se avecinaba. «Un pico siempre oculta un valle incierto», dijo el presidente de Fuji, Shigetaka Komori, en 2001.[28]

La visión permitió que Fujifilm hiciera un giro por encima del tope de la pendiente descendente. Al anunciar un plan de seis años llamado VISIÓN 75, Komori se aseguró de que las fortalezas tecnológicas de la compañía se reorientaran al campo de los productos farmacéuticos y cosméticos. Esa fue una desviación radical de la misión aparente de la compañía, pero una nueva dirección era esencial para que el negocio sobreviviera la turbulencia en el mercado de la fotografía. La compañía también predijo el ascenso meteórico de la tecnología de pantalla LCD y, aprovechando sus competencias existentes, creó películas protectoras de polarizador LCD para un mercado que ahora dominan.

Cuando se trataba de imágenes digitales, Kodak tenía la ventaja más grande de todas. Sin embargo, debido a que carecían de visión, no pudieron cambiar de dirección cuando era importante hacerlo. Dos empresas dentro del mismo sector empresarial, ambas con acceso a la misma inteligencia sobre datos y tendencias. Una ganó. Otra perdió. Sus visiones del futuro diferenciaron sus destinos.

5. Malgasto de dinero, tiempo y talento. Cuando los líderes se centran en la ejecución y excluyen la visión, pierden el papel que esta juega en aquella. Como resultado, crean frustración en sus equipos y desperdician recursos valiosos, incluido su propio tiempo y energía escasos.

La visión proporciona una dirección para la ejecución, así como un estándar para juzgar el desempeño. Sin ella, los equipos se invierten en resultados irrelevantes y proyectos sin importancia. Más allá de eso, ni siquiera saben si están ganando porque no hay un estándar externo para evaluar su progreso. Todos corren en círculos. Al alinearte en torno a una visión clara y convincente, puedes evitar la energía lateral y el esfuerzo desperdiciado. Al minimizar o incluso eliminar las actividades multipropósito dentro de tu empresa, la visión te permite ejecutar de manera más efectiva.

Y nuestros equipos lo saben. En una encuesta de decenas de miles de empleados, los investigadores preguntaron: «¿Qué buscas y admiras en un líder (definido como alguien cuya dirección seguirías de buena gana)?». No es sorprendente que la honestidad encabezara la lista. Pero el setenta y dos por ciento dijo que el segundo requisito más importante de un líder era que «tengan visión de futuro».[29] Esa respuesta saltó al ochenta y ocho por ciento para los puestos más altos. Nuestros equipos esperan honestidad de todas las personas con las que trabajan, pero especialmente quieren visión en sus líderes. Sin esta, experimentan frustración al ver que sus esfuerzos se desperdician.

El problema es que esos equipos no ven suficiente visión en sus líderes. En su trabajo evaluativo de 360 grados, Herminia Ibarra descubrió que los líderes exageran significativamente su competencia con la visión, en comparación con la opinión de quienes observan su desempeño. Ella lo llamó «una brecha notable».[30]

Lo que también es notable es cuánto tiempo y esfuerzo desperdician los propios líderes cuando no siguen una visión. Los investigadores Heike Bruch y Sumantra Ghoshal estudiaron a doscientos gerentes de Lufthansa. «Nuestros hallazgos en cuanto al comportamiento gerencial deberían asustarte», informaron. «El noventa por ciento de los gerentes malgastan su tiempo en todo tipo de actividades ineficaces... Solo el diez por ciento de los gerentes pasan su tiempo de una manera dedicada, decidida y reflexiva». El cuarenta por ciento —los que calificaron de «distraídos»— estaba hiperocupados, pero desconectados de la visión de la organización. Como resultado, eran miopes, ocupados en exceso y se esforzaban por desarrollar estrategias útiles. En otras palabras, todo su trabajo llegaba a ser menos de lo que podría haber —o debería haber— sido. «Creen que están atendiendo asuntos urgentes, pero en realidad solo están haciendo girar sus ruedas sin avanzar», dijeron Bruch y Ghoshal.[31]

La visión correcta recuerda a las personas lo que estamos construyendo y por qué es importante. Inspira y da energía a las personas en toda la organización al estimular en ellos la motivación a seguir y hacer grandes cosas juntos. Las personas pueden ver cómo sus acciones contribuyen a la visión de la organización.

Eso es lo que sucedió en la NASA después de que Kennedy proyectara su visión para poner a un hombre en la luna. Según un informe, «se estableció una fuerte conexión entre el papel cotidiano de un empleado de la NASA y el objetivo final», como lo demuestra este comentario de un guardia: «No estoy limpiando pisos, estoy poniendo a un hombre en la luna».[32]

6. *Salidas prematuras.* Todo ese esfuerzo desperdiciado conduce a la frustración y la inutilidad, lo que significa que los líderes con déficit de visión son propensos a abandonar el campo temprano, al igual que sus empleados agotados. El objetivo final de una visión clara es mantener el rumbo en medio de los obstáculos y la resistencia inevitables, para tener éxito. La visión te mantiene a ti y a tu equipo motivados, involucrados y comprometidos para que no te vayas antes de la recompensa. No puedo pensar en un ejemplo más convincente de esta dinámica que el de SwiftKey.

Tres amigos, Chris Hill-Scott, Jon Reynolds y Ben Medlock fundaron SwiftKey en 2008. Equipados con una visión simple del futuro: «Tenía que haber una mejor forma de escribir en los teléfonos inteligentes», se pusieron en acción con el fin de crear la mejor aplicación de teclado virtual de texto predictivo para dispositivos móviles Apple y Android.[33] Visualizaron y desarrollaron un teclado respaldado por IA (inteligencia artificial) que «aprendió» cómo se comunicaba el cliente al acceder a las cuentas de redes sociales del usuario. Su motor de predicción reunió información de Twitter y Facebook, así como de Evernote, Gmail y la lista de contactos del usuario. Lanzaron la versión beta después de solo dos años.

Los críticos y usuarios quedaron entusiasmados, y la popularidad de SwiftKey se disparó. Acumularon más de una docena de premios de la industria durante sus primeros cuatro años en el mercado, junto con más de 300 millones de usuarios. Yo soy uno de ellos. Seis años después del lanzamiento, estimaron que su tecnología de teclado líder en el mercado había ahorrado a los usuarios «casi diez billones de pulsaciones de teclas, en cien idiomas, ahorrando más de 100.000 años en tiempo de tipeado combinado».[34]

Lástima que no haya un Premio Nobel a la productividad. Para concluir esta historia, Microsoft compró SwiftKey por 250 millones de dólares en 2016.[35] La visión de estos tres fundadores fue rentable, principalmente.

En el momento de la compra de Microsoft, solo dos de los tres socios originales todavía estaban con la compañía para beneficiarse. ¿Por qué? Medlock y Reynolds mantuvieron a la vista el panorama general. Se esforzaron durante las largas horas asociadas con cualquier comienzo y vieron cómo se desarrollaba su sueño ante sus ojos. Mientras tanto, en lo que ahora llama «el error más grande que he cometido», Hill-Scott decidió retirarse de la compañía después de solo dos meses en el trabajo.

Según los informes publicados, «se cansó de las largas horas y el trabajo que se requería».[36] No puedo decir con certeza, pero supongo que perdió la visión de lo que podría haber sido si hubiera mantenido el rumbo. Estaba centrado en el agotamiento diario más que en el gran e inspirador panorama. Debido a que cobró temprano, en lugar de millones, ganó lo suficiente para comprar una bicicleta.

Cuando los atrasos y los reveses amenazan con desviarte del rumbo, cuando los avances siguen siendo esquivos, la visión puede sostener la misión y llevarte al resultado que esperas. Pero solo si tienes un rumbo.

El cambio del futuro

A comienzos del siglo veinte, cuando el caballo y los carruajes eran el principal medio de transporte para la mayoría de las personas, Henry Ford tuvo una visión que definiría el futuro. Cuando presentó el Modelo T en 1908, Ford dijo que quería «construir un automóvil para la multitud.

Será lo suficientemente grande para la familia, pero lo adecuadamente pequeño como para que el individuo lo use y lo cuide». Esa fue una visión significativa que definió el futuro. Es una reminiscencia de la visión original de George Eastman e igual de convincente, si no más.

En ese momento, la propiedad de automóviles se limitaba a los acaudalados, «un juguete para los ricos». El funcionamiento de un vehículo era tan complicado que, por lo general, «requería un chofer familiarizado con sus particularidades mecánicas individuales para conducirlo».[37] Pero Ford imaginó un automóvil confiable que los estadounidenses promedio pudieran pagar; algo que no existía en ese momento.

«Se construirá con los mejores materiales, por los mejores hombres que se puedan contratar, conforme a los diseños más sencillos que la ingeniería moderna pueda idear», dijo Ford. «Pero tendrá un precio tan bajo que ningún hombre que gane un buen salario será incapaz de poseer uno y disfrutar con su familia de las benditas horas de placer en los grandes espacios abiertos de Dios».[38] Me encanta eso. ¿A quién no?

La historia está llena de relatos similares, en los que un cambio en la visión resultó en una modificación en el resultado. También está llena de relatos como los mencionados anteriormente, incluido el mío, en el que la falta de visión resultó en la ruina. Esa es la diferencia que hace la visión. Si no estás convencido del punto, siéntete libre de dejar este libro. Pero si reconoces la importancia y deseas crear una mejor visión para tu futuro, sigue leyendo.

En este libro, mi suposición operativa es que, tanto en los negocios como en la vida, es mucho más probable que llegues a un destino que te va a gustar si eres intencional en cuanto hacia dónde te diriges. Esa es una de las razones por las que veo la visión como el alma de cualquier organización. Te mantiene avanzando. La visión sirve como motor para impulsar tu empresa hacia el futuro. La visión proporciona significado a los desafíos y reveses del día a día que componen el estruendo y la caída de la vida real a lo largo del camino. Y, como vimos con Kodak, Fujifilm y otros ejemplos anteriores, la visión no es algo estático. Puede, debe y tiene que cambiar a medida que se alcanzan los objetivos o cuando cambia la industria.

Ahora que comprendes la diferencia que hace la visión en tu organización, ¿estás listo para crear la tuya? Eso es lo que haremos en la segunda parte, ya que contestaremos cinco preguntas clave, comenzando con: ¿Qué quieres?

LA REDACCIÓN DEL GUION DE TU VISIÓN

El alma nunca piensa sin una imagen mental.

ARISTÓTELES

El liderazgo llega cuando tu esperanza y tu optimismo se combinan con una visión concreta del futuro y una forma de llegar allí.

SETH GODIN

La dirección, no la intención, determina el destino.

ANDY STANLEY

¿Qué quieres?

La dirección comienza con el deseo

Siempre debes tomar lo mejor del pasado, dejar lo
peor allí y avanzar hacia el futuro.

BOB DYLAN[1]

El 25 de mayo de 2001, Erik Weihenmayer —de treinta y
tres años— estaba en la cima del mundo. Después de tres
meses alternando entre escalada y pausa para aclimatarse a
la altitud, Erik, junto con un grupo de otros dieciocho mon-
tañistas, llegó al Monte Everest. El noventa por ciento de los
escaladores que intentan alcanzar la cumbre no lo logran.[2]

Escalar el Everest no es para aquellos que no tienen el
coraje de enfrentar algo difícil o peligroso. Los riesgos
incluyen grietas, avalanchas, congelación, vientos que se
acercan a 160 kilómetros por hora, temperaturas bajo cero,
tormentas de nieve, terremotos, niveles de oxígeno peligro-
samente bajo, edema pulmonar de gran altitud e hipoxia.

Al escribir estas líneas, casi 300 escaladores han muerto tratando de alcanzar la cima desde 1922.[3] Consciente de los riesgos, el equipo de Weihenmayer luchó contra los elementos, las lesiones, la disentería, las fiebres y más. Pero ningún riesgo era tan abrumador como este: Weihenmayer es ciego.

Todos tenemos nuestras propias montañas, por lo que la visión es el único camino confiable hacia la cima.

Cuando era niño, Weihenmayer sufría de retinosquisis, una rara enfermedad de la retina que empeoró progresivamente hasta que, a los trece años, quedó ciego por completo. Pero Weihenmayer no permitió que su ceguera física se interpusiera en lo que quería de la vida. A los veinte años, tuvo la visión de escalar las Siete Cumbres, escalar los picos más altos de cada uno de los siete continentes.

Weihenmayer podría haber sido ciego, pero tenía una visión extraordinaria. Cuando se enfrentó a lo que parecen ser probabilidades insuperables, nunca perdió de vista lo que quería lograr. Como resultado, se convirtió en una de las primeras 150 personas en escalar las Siete Cumbres, el primero y único individuo ciego en hacerlo.[4] «Nadie ha hecho algo así», dijo la revista *Time* sobre sus logros. «Es un logro único, uno que en el sentido más verdadero traspasa los límites de lo que el hombre es capaz de hacer».[5]

Cualesquiera que sean los riesgos y las probabilidades, todos tenemos nuestras propias montañas, por lo que la visión es el único camino confiable hacia la cima. El liderazgo no es un camino suavemente inclinado. Muchas veces no hay camino. Solo el poseer una visión clara les permite a los líderes abrirse camino donde antes no existía ninguno. Todo se reduce a lo que quieres. A menos que tengas claro eso, nunca tendrás la oportunidad de lograrlo. Así que entonces, ¿qué quieres? Veremos cómo puede ayudarte un guion de la visión a crear una respuesta detallada a esa pregunta. También examinaremos qué se necesita para escribir uno para tu organización.

No es una declaración de misión

Al responder la pregunta 2, te conté mi historia acerca de cómo la falta de visión hundió mi negocio. Ahora, déjame decirte la otra mitad del relato: cómo me salvó la visión en mi próxima aventura. Después de varios años trabajando como agente, volví a trabajar para Thomas Nelson en 1998 y me convertí en editor asociado de Nelson Books, una de las catorce editoriales o unidades comerciales de la compañía. Eso significaba que era el segundo al mando detrás de mi jefe, el editor, que decidió renunciar en julio de 2000.

No es difícil descubrir por qué. Nuestra división estaba en mal estado. La mayoría de nosotros percibíamos nuestra triste condición por los chismes de oficina y otras pistas. Pero nuestro jefe no fue comunicativo con los detalles. No tuve idea de lo mal que estaban las cosas hasta que se fue. Esto es lo que encontré después de mirar las cifras:

- Éramos la división menos rentable de toda la empresa. En realidad, habíamos perdido dinero el año anterior. Las personas en las otras divisiones murmuraban acerca de nuestro pobre desempeño y nos culparon por derribar los ritmos de ingresos de toda la compañía, lo que a su vez impidió que otros recibieran sus bonos anuales de rendimiento.

- El crecimiento de los ingresos había sido básicamente nulo durante tres años. Además, acabábamos de perder a nuestro autor más importante a causa de una empresa editorial competidora. Esto hizo poco probable el crecimiento de los ingresos, por decir lo menos.

- En proporción a ingresos, nuestro inventario y los adelantos de regalías eran los más altos de la empresa. En otras palabras, éramos los usuarios menos eficientes del capital de trabajo. Estábamos consumiendo enormes recursos corporativos y prácticamente no proporcionábamos ningún retorno a nuestros accionistas.

- Estábamos publicando alrededor de 125 títulos nuevos al año con un equipo de solo diez personas. Sé de editoriales que hacen la mitad de esos títulos con el doble de personas. Todos estaban agobiados y con exceso de trabajo. La calidad de nuestra producción lo demostraba. Simplemente teníamos mucho que hacer.

- Solo el veinte por ciento de nuestros títulos generaba el ochenta por ciento de nuestros ingresos. Sinceramente, teníamos mucho más «perros» que «vacas productoras de efectivo» (para hacer referencia a la antigua matriz del Boston Consulting Group que considera «perros» a los artículos malos, de los que hay que deshacerse, y «vacas productoras de efectivo» a los artículos que generan buenas ganancias constantemente).

Todo eso importaba mucho en ese momento por una simple razón: heredé ese desastre. Con la salida de mi jefe, me pidieron que completara su trabajo, que fuera el publicador, el líder, el responsable de conquistar la montaña. Conté parte de esta historia en mi libro *Libre para enfocarte*, pero quiero profundizar aquí para ilustrar el valor de la visión, especialmente con mi fracaso comercial anterior como telón de fondo.

Tuve dos sentimientos simultáneos: (1) una presión abrumadora para lograr el éxito, no fallar nuevamente, y (2) la emoción. La situación no podría haber sido peor; éramos los absolutamente últimos en todas las mediciones posibles. Eso explicaba la abrumadora presión. ¿Qué pasa con la emoción? Es divertido admitirlo pero, como nuevo ejecutivo divisional, estaba en la mejor posición posible. Las probabilidades eran buenas, ¡no podría empeorar las cosas! Y si le daba un giro a la división, sería un héroe. Pero ¿cómo?

Una historia como esta ayuda a crear una distinción importante. A menudo me preguntan: «¿Cuál es la diferencia entre misión y visión?». A primera vista, parecen similares. Las personas a menudo hablan como si fueran bloques de construcción intercambiables de un negocio exitoso. Están conectadas y ambas son esenciales para que una empresa tenga éxito, pero es importante reconocer que son conceptos distintos que tienen diferentes propósitos.

Tanto la misión como la visión muestran la estrategia, pero de diversas maneras. La misión brinda claridad diaria al definir la identidad y el alcance del negocio. Sin una misión clara, puedes desviarte fácilmente del objetivo y dirigirte hacia demasiadas direcciones o hacia la dirección incorrecta. Una declaración de misión efectiva te mantiene en la tarea respondiendo cuatro preguntas:

1. ¿Quiénes somos?
2. ¿A quién servimos?
3. ¿Qué problema resolvemos?
4. ¿Qué transformación generamos?

Las respuestas a estas cuatro preguntas definen tu identidad, tu clientela y tu respuesta a los desafíos de tus clientes, junto con los resultados que produces. Todo bien, todo necesario. Pero aparte del punto en lo que se refiere a la visión. Cuando me encargué de Nelson Books, no necesitaba una declaración de misión. Necesitaba una dirección completamente nueva. Y ese es un diferenciador clave. La misión define qué es un negocio, la visión describe hacia dónde va. La misión está aquí; la visión todavía está afuera. Misión es ahora; visión es lo siguiente.

Convertirme en publicador fue mi objetivo profesional a largo plazo. Cuando tuve mi gran oportunidad y descubrí que la unidad de negocios era un desastre, instintivamente supe que necesitaba un plan de acción claro. El primer paso que di para revertir el destino de nuestra división fue preguntarme cómo quería que fuera el futuro para mi equipo y para mí. ¿Hacia dónde queríamos llevar eso? ¿Qué es lo que realmente queríamos? Para obtener respuestas, me fui a un retiro privado y tracé una dirección completamente nueva.

Misión es ahora; visión es lo siguiente.

EL DIFERENCIAL MISIÓN-VISIÓN

Misión	Visión
Qué	Dónde
Aquí	Allá
Ahora	Después
Breve	Firme

Cómo redactar el guion del mañana

Una declaración de misión eficaz se redacta de manera precisa, bien enfocada y perdurable. Deberías poder reducirla a un par de oraciones. «Debería caber en una camiseta», como dijo Peter Drucker una vez.[6] Necesitaba escribir una nueva y mejor visión. Para mí entonces, y para ti ahora, eso merecía y requería más que una camiseta.

Un guion de la visión adecuado no es un eslogan o una pegatina para el parachoques. Es un documento firme, escrito en tiempo presente, que describe su realidad futura como si fuera hoy. ¿Qué tan lejos en el futuro? Recomiendo de tres a cinco años. Puedes ir más tiempo, pero en mi experiencia encontrarás las mayores ganancias en la ventana de tres a cinco.

El truco es avanzar hacia el futuro y registrar lo que ves en cuatro áreas clave de tu negocio: tu equipo de trabajo, los productos, las ventas —y el mercadeo— y el impacto. Detallaré cada uno de estos en un momento. Permíteme decir que cuando hice este ejercicio por primera vez, el guion de mi visión estaba menos desarrollado que lo que describo a continuación. He refinado el proceso en los años posteriores para hacer que dicho guion sea aún más efectivo.

Sin embargo, una cosa es cien por ciento igual: responder a la pregunta de qué quería para mi negocio en el futuro. Esto es cierto para todos nosotros al elaborar una visión. A medida que examinamos a continuación los cuatro aspectos: tu equipo de trabajo, los productos, las ventas —y el mercadeo— y el impacto, te daré ejemplos de nuestro guion de la visión en Michael Hyatt & Co. Cada declaración sobre el futuro nos dice cómo nos estamos desempeñando en el presente e influye en lo que hacemos a continuación.

El futuro de tu equipo. Es importante comenzar el guion de tu visión con tu equipo. ¿Por qué? Porque tu equipo hace posible todo lo demás. El equipo adecuado te permitirá, como líder, concentrarte en lo que haces mejor. Ejecutará estrategias, cuidará a tus clientes y cultivará otros nuevos. El equipo adecuado te dejará boquiabierto con sus ideas, aspiraciones, habilidades y conocimientos. Por tanto, ¿cómo visualizas el equipo ideal dentro de tres años? ¿Y cómo cuida tu organización de tu equipo y cultiva una cultura ganadora? Esto debe ser lo suficientemente específico para que cualquiera que lo lea pueda visualizarlo por sí mismo. Deseas transmitir suficientes detalles para que otras personas vean lo que tú ves, de modo que juntos puedan construirlo.

Cuando imaginas a tu equipo dentro de tres años, ¿qué ves, por ejemplo, en términos de sus talentos, experiencias y equilibrio entre la vida laboral y la personal? ¿Qué proporcionas en términos de beneficios, ambiente de trabajo e incentivos? No hay respuestas correctas o incorrectas. Simplemente se reduce a lo que quieres para tu equipo.

Algunos ejemplos del guion de la visión de Michael Hyatt & Co. incluyen estos: «Nuestros compañeros de equipo viven y respiran nuestra ideología central. Poseen un carácter impecable, un talento extraordinario y un historial probado»; «Nuestros empleados experimentan una autonomía razonable, planificando y ejecutando su propio trabajo, sin el impedimento de una gestión dominante, una burocracia sofocante o un papeleo procesal»; y «Alentamos la innovación y la experimentación. Si algo no funciona, aprendemos de ello y seguimos adelante».

El futuro de tus productos. ¿Cuáles son los productos o los servicios que ofreces? En Michael Hyatt & Co., nuestro guion de la visión dice: «Creamos productos que permiten a los líderes obtener el enfoque que necesitan para ganar en el trabajo y tener éxito en la vida». A partir de ahí elaboramos con detalles adicionales: «Creamos productos que deleitan a nuestros clientes, superan sus expectativas y ofrecen una transformación emocionante». ¿Logramos siempre eso? No siempre, no a la perfección. Pero eso es de esperarse. La visión es después, no ahora. Se trata de a dónde vas, no en dónde estás actualmente. La visión de futuro proporciona una medida para el presente, pero es —como dijimos en la pregunta 1—, *superior* al presente. Todavía no estás allí, por definición. ¡Y ahí es donde entra en escena la emoción! ¿Qué sigue en términos de tus productos? ¿Qué quieres crear? ¿Qué quieres ofrecer? ¿Recuerdas que mencioné que la misión y la visión están conectadas? Un consejo útil para pensar en productos futuros es preguntarte qué podrías crear que ayude a cumplir tu misión.

La visión que teníamos con nuestros productos incluía declaraciones como estas: «Nuestro producto final no es la información ni las herramientas, sino la transformación que nuestros clientes y consumidores experimenten al usarlos»; «Empleamos un riguroso proceso de toma de decisiones para comparar la inversión necesaria con respecto a nuestra ideología principal y el beneficio proyectado con la inversión. Como resultado, usualmente decimos no a las distracciones disfrazadas de oportunidades»; y «Empleamos un grupo estable de entrenadores, oradores y *podcasters* talentosos».

El futuro de tus ventas y el mercadeo. ¿Cómo llevas al mercado esos productos extraordinarios? No estamos hablando de métodos básicos y estrategias. Esta es una oportunidad para pensar de manera amplia y filosófica sobre tus ventas y tu *marketing*. Debería ser más que impresiones y conversiones (aunque inclúyelo si es útil). Esto se trata fundamentalmente de cómo te relacionas con tus clientes.

En nuestra empresa, decimos: «Empleamos estrategias de adquisición de clientes que hacen que nuestras ofertas sean irresistibles». Luego edificamos sobre eso con otras declaraciones: «Entendemos que nuestros clientes y consumidores son los verdaderos héroes. Servimos como una guía que ofrece un plan que los ayuda a superar sus obstáculos y lograr la transformación deseada»; y «Vemos la experiencia del cliente de primera clase inspirada en la hospitalidad como una actividad de mercadeo esencial».

El futuro de tu impacto. Finalmente, el guion de tu visión debe describir el resultado previsto del esfuerzo del equipo. ¿Cuál es el resultado de que hagas realidad tu visión? Puedes responder en términos de impacto financiero, pero también puede ser de otras maneras menos concretas, como el alcance o la influencia o algo menos material.

En esta última esfera del guion de nuestra empresa, comenzamos diciendo: «Como resultado, estamos transformando nuestro mundo y logrando resultados sobresalientes». A partir de ahí, cubrimos el estado operativo de nuestros directores, las estadísticas financieras clave, la tasa de volumen de ventas del equipo, y este último no negociable: «Hemos logrado estos resultados extraordinarios sin comprometer nuestros valores o cultura».

Antes de continuar, respondamos esta pregunta: «¿Qué pasa si mi negocio está impulsado por algo no abordado en estas cuatro áreas?». Puede haber instancias en las que ese sea el caso. Si es así, continúa y agrega otro dominio al guion de tu visión. Por ejemplo, si tu negocio es fuerte en capital, es posible que desees desarrollar una declaración

CUATRO COMPONENTES CLAVE DE UN GUION DE LA VISIÓN

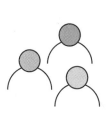

EQUIPO DE TRABAJO

PRODUCTO

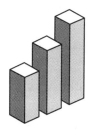

VENTAS Y MARKETING

IMPACTO

Estos son los cuatro elementos clave de un guion de la visión, pero tu negocio puede requerir que planifiques en otros dominios. No te preocupes. Simplemente agrega las categorías que necesitas para que tu futuro te funcione.

acerca de finanzas. Si diriges una organización sin fines de lucro, es probable que debas agregar el área de las relaciones con los donantes. Solo cuídate de agregar demasiadas áreas a la declaración. Cada una debe ser esencial para tu negocio. Es más, no elimines ninguna de las cuatro áreas clave. Todas son esenciales. Aun cuando seas un emprendedor solo, tu visión debe incluir el desarrollo de un equipo. Sin equipo, producto, mercado ni impacto, realmente no tienes un negocio.

Cómo escribir tu propio guion

Cuando consideres escribir tu propia visión, es útil que reconozcas anticipadamente que esto puede ser un desafío. Hay muchas razones. A veces, estamos tan absortos en la cotidianidad que es difícil encontrar una visión convincente para el futuro. Otras veces, sentimos que no somos tan ingeniosos. Cosa que no creo. No es que nos falte imaginación, es que nos falta atención. Cualquier líder que dedique tiempo y enfoque puede elaborar una visión determinante para el futuro simplemente con preguntarse qué quiere y mantenerse hasta que las respuestas comiencen a surgir.

Los humanos son orientados al futuro, a diferencia de cualquier otra criatura en este planeta. Aun cuando otros animales tienen horizontes limitados, los humanos hacen y actúan en planes a largo plazo todo el tiempo. De hecho, dice el psicólogo Martin Seligman, «un nombre más apropiado para nuestra especie sería *Homo prospectus*, porque crecemos cuando consideramos nuestras perspectivas».[7] ¿No sabemos esto por simple experiencia? Todos nos imaginamos el futuro constantemente, aunque no sea por otra razón que para preocuparnos por él. Haz que eso funcione a tu favor. Todo lo que te pido es que no conjures todo lo que podría salir mal. Imagina si las cosas salieran bien.

A continuación tenemos tres consejos para que crees tu propio guion de la visión. Relataré cómo me ayudaron a elaborar mi guion de la visión inicialmente para Nelson Books. Recuerda, estás tratando de pintar una imagen inspiradora, clara, práctica y atractiva del futuro de tu organización. Nada más. Evita, como lo llama la estratega de carrera Jenny Blake, «la tiranía de los cómo».[8] Así como este proceso no tiene que ver con definir una misión, tampoco se trata de establecer una estrategia. Más adelante en la pregunta 6, explicaré cómo forma el guion de tu visión a la estrategia.

1. _Aléjate y despéjate la cabeza._ El futuro no sucede en el presente, por lo que es difícil —si no imposible— crear un guion de la visión en medio del día a día. Es importante salir del torbellino para poder ver más allá de él.

En mi caso, de alguna manera sabía que formular una visión para mi división no sería posible en medio de tareas y proyectos diarios. Sabía que la única manera de despejarme era estar solo con mis propios pensamientos, así que aproveché el tiempo para un retiro personal.

Para tener el espacio mental —con el fin ver tu realidad actual— y vislumbrar cómo podría ser el futuro, recomiendo hallar un lugar solitario lejos de la oficina: un hotel, un centro de retiro, un hostal de Airbnb, la esquina trasera de una biblioteca pública, o incluso una cafetería con los auriculares bien apretados. Cualquier lugar funciona siempre que no te interrumpan. Algo notable sucede cuando te desconectas del ruido constante, la distracción y el ritmo de vida con el fin de pensar, reflexionar y ponerte en contacto con tus propios pensamientos. Si te ayuda, ora mientras comienzas.

Si es posible, evita «conectarte» con tu oficina incluso después de horas. Desactiva tus notificaciones. Escribe todo a mano en una libreta, si eso es lo que se necesita para mantenerte desconectado. Al igual que un agujero negro, el tirón gravitacional del correo electrónico o el del Slack

Las barreras más grandes que tú y yo enfrentamos en la vida son, a menudo, las que viven dentro de nuestras cabezas.

te absorberán hacia un espacio superior que competirá con tus esfuerzos por lograr el espacio mental para la visión.

2. *Cree que lo mejor está por venir.* El futuro tiene que ver con la posibilidad. Por desdicha, la experiencia casi siempre nos capacita para enfocarnos en lo que no es posible. Estamos condicionados a pensar en límites, restricciones y todas las razones por las cuales nuestras esperanzas están lejos de nuestro alcance. Y a menudo tenemos razón. Pero aquí está el secreto. Es una profecía cumplida. Tendemos a experimentar lo que esperamos. Eso significa que las barreras más grandes que tú y yo enfrentamos en la vida son, a menudo, las que viven dentro de nuestras cabezas. Creamos la cerca que bloquea nuestro progreso, no siempre, pero con más frecuencia de la que probablemente nos importaría o nos atreveríamos a admitir.

Es importante luchar con eso porque parte de crear una nueva visión para el futuro es ser sincero en cuanto al pasado y al presente, y cómo están influyendo en nuestra visión de lo que es posible en el futuro. Tenemos que tratar con dos hazañas a la vez: sinceridad total con nuestra experiencia hasta ahora y compromiso con la idea de que puede mejorar, incluso ser mucho mejor.

Cuando me fui de retiro para crear la visión, llevé varias hojas de cálculo, las declaraciones de ganancias y pérdidas de los últimos doce meses, nuestra lista de autores, el organigrama y un análisis de fortalezas, debilidades, oportunidades, amenazas (SWOT, por sus siglas en inglés). Cuando terminé de leer, no pude evitar que la canción *Todo está roto*, de Bob Dylan, se repitiera en mi cabeza. Francamente, hubiera sido fácil asumir que la situación no podría mejorar. Las probabilidades estaban en nuestra contra, eso es seguro. Para agravar esa realidad, mi propio fracaso comercial se asomaba en el fondo. Ya hundí una editorial. ¿Cómo sabía que no terminaría con esta división? Hay una famosa historia de baloncesto que nos puede ayudar aquí. En 1978, un alumno de segundo año —de quince años de edad— y otros cincuenta estudiantes aspirantes entraron en fila al gimnasio Emsley A. Laney, de la secundaria, con el sueño de obtener uno de los quince puestos en el equipo universitario. En ese momento, el chico solo medía 1,78 metros y no estaba a la par de los otros chicos. Pero no satisfizo los requisitos mínimos. «Fue vergonzoso no formar parte del equipo», admitió.[9] Cuando llegó a casa fue directo a su habitación, cerró la puerta y se echó a llorar.

En medio de la decepción, el chico podría haber dicho: «No soy lo suficientemente bueno. Nunca llegaré a nada en la cancha. Hay demasiados jugadores que son más altos, más rápidos y mejores que lo que yo alguna vez pueda llegar a ser». En ese momento, su experiencia habría ratificado esa opinión. Pero, en vez de permitir que las creencias limitantes moldearan su realidad, redobló sus esfuerzos, impulsado a cambiar su futuro.

«Cada vez que estaba haciendo ejercicios y me cansaba —y pensaba que debía detenerme— cerraba los ojos y veía esa lista en el vestuario sin mi nombre», dijo al describir cómo cambió su mentalidad. «Eso, usualmente, me ponía en marcha otra vez».[10]

Aquello valió la pena. Tan pronto como te diga el nombre de ese chico —Michael Jordan—, sabrás el resto de la historia. Durante su ilustre carrera en la Asociación Nacional de Baloncesto (NBA, por sus siglas en inglés), Jordan anotó 32.292 puntos. Participó en catorce juegos de todas las estrellas, ganó seis campeonatos de la NBA y fue galardonado con el título de jugador más valioso (MVP, por sus siglas en inglés) de la NBA en cinco ocasiones.

La historia está llena de relatos en los que una modificación en el pensamiento implicó un cambio en el resultado. Walt Disney fue despedido de su trabajo en el periódico *Kansas City Star*. ¿Por qué? Su editor dijo que «carecía de imaginación y no tenía buenas ideas».[11] Cuando Oprah Winfrey fue despedida de su papel como reportera televisiva, el productor «según los informes, le dijo que no era "apta para las noticias de televisión"».[12] Steven Spielberg fue rechazado de la escuela de la Universidad del Sur de California, tres veces. En vez de asumir que no tenía la habilidad suficiente, no abandonó su visión de hacer películas cautivadoras. Llegó a dirigir más de cincuenta películas, incluidas tres ganadoras del Oscar.[13]

Y no te olvides de Erik Weihenmayer, con cuya historia comenzamos. Si alguien podría haber tomado su manifiesta realidad y haber permitido que limitara su futuro, era él. Pero no. No dejaría que nada le impidiera soñar y lograr lo que parecía imposible.

La experiencia, incluso la mala, es solo información. La forma en que la interpretes y la apliques depende de ti. Puedes usarla para crear creencias limitantes sobre lo que es posible o puedes abrazar una simple verdad liberadora: no importa lo que esté detrás de ti, lo mejor está por venir. ¿Y qué está por venir?

3. Imagínate el mañana y describe lo que ves. El último paso para escribir el guion de tu visión es imaginar tu futuro y describir lo que ves. Piensa en ti mismo como si estuvieras en el futuro. ¿Qué ves allí? ¿Cómo lo ves?

Esto no es predicción ni una profecía. No hay nada inevitable al respecto.[14] Estás describiendo uno de los innumerables futuros posibles que requerirán el mejor pensamiento y esfuerzo de tu parte y de tu equipo para hacerlo realidad. El futuro toma la forma de las decisiones del presente. La idea es imaginar un mañana lo suficientemente convincente como para guiar tus opciones hoy.

Al describir este futuro, quieres escribir en tiempo presente, como si tu visión ya hubiera sucedido. He aquí algunos ejemplos del guion de mi visión para Nelson Books: «Nelson Books publica siete *best sellers* del *New York Times* por año»; «Vendemos diez libros que expenden más de 100.000 unidades por año»; «Tenemos excelentes relaciones con los autores y los agentes»; y «Tenemos un equipo de personas extremadamente talentosas y comprometidas».

Para ayudarme a comenzar, me hice una serie de preguntas de sondeo, que incluyeron:

- «¿Qué necesita cambiar en nuestro modelo de negocios para que mi equipo no se frustre ni abandone?».
- «¿Qué tipo de autores y combinación de títulos necesitamos atraer para minimizar el abandono y maximizar nuestra rentabilidad?». Puedes adaptar esa pregunta a tus propios productos y servicios.
- «¿Cómo se compararía nuestra organización con nuestros competidores en el mercado?».
- «¿Qué tipo de innovaciones o procesos podríamos inventar que nos ayuden a extender nuestra visión más rápido?».

Hay muchas otras preguntas que también pueden ayudar. El periodista Warren Berger comparte una pregunta instigadora esgrimida por el consultor empresarial Don Derosby: «Si un oráculo pudiera decirte lo que sucederá dentro de tres años, ¿qué es lo que más desearías saber?». Esta pregunta revela qué intereses, inquietudes y emociones te entusiasman. Nadie conoce el futuro pero, como dice Berger, «el propósito de la pregunta es alentar a uno a enfocarse en ese escenario futuro... Una vez que hayas pensado en las preguntas para el oráculo, debes intentar hacer el trabajo del oráculo respondiéndolas».[15] Tus respuestas se convierten en el comienzo de tu visión.

Berger sugiere otras preguntas útiles extraídas de expertos visionarios:

- «¿Cómo podemos convertirnos en la empresa que nos sacaría del negocio?» y «¿Cómo podría ser este depredador y por qué tendría una ventaja sobre nosotros?» (Danny Meyer, restaurador de Nueva York, ejecutivo de Union Square Hospitality Group).

- «¿En quién queremos que se conviertan nuestros clientes?» (Michael Schrage, profesor del Instituto de Tecnología de Massachusetts).

- «¿Con quién pasas tiempo? ¿Qué temas tratan? ¿A dónde viajas? ¿Qué estás leyendo?». (Roselinde Torres, Boston Consulting Group).[16]

La última viñeta asume que tus intereses pueden exponer posibles tendencias y señalarte un futuro deseable. También ayuda a conectar tus perspectivas futuras con tus preocupaciones actuales, que a menudo es lo que la visión divisa. Y sugiere algo crítico: una visión debe ser algo que te interese y te motive personalmente. Deja que tu curiosidad te dirija, para eso sirve.[17] Todas las preguntas anteriores pueden ponerte en un estado mental creativo, uno donde el mañana puede tomar una forma definitiva en tu mente. Esa es la esencia de crear un guion de la visión para ti. Para ayudarte aún más a elaborar tu propia visión, he incluido varias preguntas específicas y categóricas en el cuadro adjunto. También he creado una versión interactiva de estas indicaciones. Como mencioné en la pregunta 1, es una herramienta llamada Vision Scripter. Te guiará punto por punto a través del proceso de redacción de tu guion de la visión. Cuando estés listo para crear tu visión, ve a VisionDrivenLeader.com para probarla.

Cuando describas tu futuro ideal, proporciona suficientes detalles para concretarlo, empleando declaraciones específicas para que las personas tengan una idea de lo que estás tratando de construir. A menos que puedas describirlo, el equipo no puede construirlo y no sabrán si lo han construido cuando hayan terminado. Usar metáforas e historias en tu guion de la visión es bueno, pero no pierdas de vista reducir esos conceptos inspiradores a declaraciones concretas. Al concretar tu visión, la estás haciendo tangible y alcanzable. Pero recuerda, no te preocupes tanto por cómo vas a lograrla. Eso viene después.

Siéntete libre de adaptar este plan según sea necesario. Como dije antes, es posible que necesites más componentes de los cuatro que recomiendo. Sigue adelante y agrégalos.

También es valioso decir que la complejidad de tu negocio puede requerir que tengas que ver más de tres a cinco años. Cuando la empresa de juguetes LEGO estaba al borde del desastre, emplearon una visión de siete años dividida en tres fases para superar la crisis.[18] Las pautas anteriores son solo eso, pautas; ajusta según sea necesario.

Preguntas para impulsar la visión

Si pudieras adelantarte de tres a cinco años y responder estas preguntas, ¿qué incluirían tus respuestas? Tus respuestas pueden servir como base para tu guion de la visión.

Equipo de trabajo

- ¿Qué tipo de compañeros de equipo quieres atraer? ¿Qué características tienen todos en común?
- ¿Cómo trabajan? ¿Cuál es su ética de trabajo?
- ¿Qué haces para atraer a los mejores talentos? ¿Cuál es tu filosofía de compensación? ¿Cómo se ve tu paquete de beneficios?
- ¿Por qué los empleados potenciales se sienten atraídos por tu empresa? ¿Qué hace que la gente ruegue unirse a tu empresa?
- ¿Cómo luce el entorno de tu oficina? ¿Por qué te importa eso?

Productos

- ¿Qué resultados crean tus productos? ¿Qué valor entregan?
- ¿A quién ayudan tus productos?
- ¿Cómo se sienten tus clientes cuando usan tus productos? ¿Cómo es la experiencia del usuario?
- ¿Cómo es tu proceso de creación de producción? ¿Cómo eliges qué ofrecer?
- ¿Qué hace que tus productos sean superiores a los de tus competidores?

Ventas y mercadeo

- ¿A qué mercados sirve? ¿Cuán grande es tu base de clientes?
- ¿Cómo los alcanzas?
- ¿Cuánto te cuesta adquirir nuevos clientes? ¿Cuál es tu costo por cliente potencial?
- ¿Cuál es el valor del tiempo de vida de tu cliente?
- ¿Cómo ves que están operando tus equipos de mercadeo, de ventas y de seguimiento al cliente? ¿Cuál es el papel de ellos en la adquisición y retención de clientes?

Impacto

- ¿Cuáles son tus resultados, según los parámetros que sean más significativos para ti y tu equipo? Por ejemplo, ¿cuáles son tus ingresos, tus ganancias, el número de personal o el tamaño de tu lista de correo?
- ¿Qué límites financieros te animan como líder?
- ¿Qué tienes la libertad de hacer, como líder, con tu tiempo y tu rol?
- ¿Cómo esperas que el crecimiento en tu organización les impacte a ti y a tu equipo?
- ¿Qué piensan de ti tus colegas y competidores de la industria?

El cambio completo

Una vez que puse mi visión sobre el papel, regresé a la oficina y convoqué una reunión con todo mi personal. Revisé nuestra realidad actual. Fui brutalmente franco.

La situación era grave, por lo que no anduve con rodeos. (Discutiremos la mejor manera de tratar esta conversación en la pregunta 7).

Luego les hablé de la nueva realidad —la visión— y la describí con el mayor detalle posible. Estaba realmente entusiasmado y comprometido. Como encontré la visión convincente, la mayoría de ellos también. Algunos tardaron en concordar conmigo pero, al final, aun los más reacios lo hicieron.

Leía esta visión a diario. Oraba sobre cada parte de ella. Le pedía a Dios que nos guiara. Poco a poco, surgieron la estrategia y los recursos. La gente me preguntaba: «¿Cómo vas a lograr esto?». Solo sonreía y decía: «No estoy seguro, pero confío en que va a suceder. Solo observa».

Cuando tienes claro lo que quieres, evitas los errores de los líderes con déficit de visión. Estás mejor preparado para el futuro. Aprovechas las oportunidades clave porque estás más en sintonía con lo que te ayudará a avanzar. Simultáneamente, tiendes a filtrar las oportunidades que te distraerán o te desviarán.

En lugar de que la estrategia sea a la medida y esté determinada por las necesidades del momento, tu estrategia está alineada con tu objetivo final. Debido a ese enfoque y esa alineación, desperdicias menos dinero, tiempo y talento; tu equipo te acompaña y avanza en la misma dirección.

Por último, cuando los tiempos se pongan difíciles —y se pondrán (más sobre eso en la pregunta 8)— estarás motivado a seguir adelante. Por eso digo que la visión es el ingrediente esencial en el liderazgo. Solo con visión los líderes tienen una oportunidad de luchar para marcar la diferencia. Y en el caso de Nelson Books, resultó en un cambio total.

Pensé que mi visión inicial tardaría al menos tres años en concretarse. Lo sorprendente fue que llegamos allí en solo dieciocho meses. Superamos casi todos los aspectos de nuestra visión. Fue un cambio completo. Durante los siguientes seis años, Nelson Books fue congruentemente la división más rentable y de más rápido crecimiento de Thomas Nelson. Tuvimos un éxito de ventas tras otro. De hecho, fuimos el hogar de casi todos los autores más vendidos de nuestra compañía durante esa temporada. Comparando mi fracaso comercial anterior con este rotundo éxito, sé que la visión marcó toda la diferencia.

Preguntas calificativas

Tu guion de la visión marca el rumbo de la futura victoria de tu empresa. Es por ello que es imperativo traer toda tu atención a este proceso estando a solas, creyendo que el futuro puede ser mejor que tus experiencias pasadas y presentes, y describiendo un futuro nuevo y superior.

Las siguientes preguntas te ayudarán a sintonizar tu guion de la visión, asegurando que sea claro, inspirador y atractivo para los accionistas clave de tu organización. Sabrás que tienes algo si puedes venderlo a tu equipo. Un líder guiado por la visión hace que su visión cobre vida para los demás, de modo que no solo sean inspirados sino también dirigidos a actuar. Haz tu visión concreta y convincente, y otros se unirán a ti para hacerla realidad.

Dicho esto, no eres Moisés bajando del monte Sinaí con las tablas de piedra.[19] Por ahora, piensa en tu guion de la visión como si fuera cemento húmedo. Como veremos en la pregunta 7, hay lugar para la entrada y el ajuste de tus colegas. Primero, refinemos tu guion de la visión para que sea inspirador, claro y práctico; eso garantizará la mejor oportunidad para que te acompañen. Eso es lo que cubriremos con las siguientes tres preguntas de calificación, comenzando con esta: ¿Es clara?

TU GUION DE LA VISIÓN

Cada guion de la visión luce diferente, dependiendo del líder que lo cree. Puedes escribir el tuyo como una narración detallada o simplemente como una lista de viñetas. Escribe tu guion de la visión en cualquier estilo que (1) fluya más naturalmente y que (2) te ayude a visualizar mejor el futuro deseado para tu equipo, producto, ventas y *marketing*, impacto y cualquier otro dominio que necesites. El Vision Scripter en VisionDrivenLeader.com puede ayudarte a redactar una visión que sea apropiada para ti.

¿Es clara?

Hazla concreta y explícita

Un buen líder piensa en tonos grises... pero habla
en blanco y negro.

BEAU LOTTO[1]

De vuelta a la secundaria, estaba decidido a ser astronauta. Como mencioné en la pregunta 1, los libros de Tom Swift despertaron mi interés y mi amor por la ciencia, la tecnología y los viajes espaciales. Escritores de ciencia ficción como Arthur C. Clarke y Robert Heinlein aumentaron mi pasión por la vida entre las estrellas. Y, por supuesto, también lo hizo la visión del presidente Kennedy en cuanto a poner a un hombre en la luna. Solo había un problema.

Todavía recuerdo ese fatídico día en la escuela cuando un amigo dijo: «Mike, ¿no sabes que para ser piloto tienes que tener una visión perfecta?». Estaba abatido. Sentí, en ese momento, como si toda mi vida hubiera terminado.

Mis lentes eran tan gruesos como el fondo de las botellas de Coca-Cola. Tan pronto como fue posible, hice el cambio de anteojos a lentes de contacto, los que usé durante la mayor parte de mi vida, incluso después de cambiar las Pléyades por la publicación de libros. Sin embargo, los lentes de contacto no fueron la respuesta completa. Resulta que las personas con miopía severa como yo desarrollan cataratas más rápido que el individuo promedio, por lo que hace varios años tomé la decisión de someterme a una cirugía de reemplazo de lentes. El equipo óptico realizó el procedimiento mientras yo estaba casi completamente despierto. Me dieron un sedante y luego, usando una serie de gotas anestésicas, adormecieron mi ojo izquierdo. (Hacen solo uno a la vez, separando las cirugías por un par de semanas). Utilizando una máquina guiada por láser, el médico hizo una incisión en forma de solapa en mi ojo, retiró el lente viejo, insertó un nuevo lente artificial en su lugar e hizo una puntada para asegurar la solapa. ¡Rápido! La operación tomó menos de quince minutos y los resultados fueron inmediatos.

Cuando me desperté en medio de la noche después de la cirugía, me sorprendí. Lo primero que noté cuando abrí mi ojo bueno fueron los brillantes colores y la diáfana claridad de visión. En comparación, mi vista en el ojo sin corregir era como mirar por una ventana que no había sido lavada en años.

Gracias al procedimiento, pude ver al otro lado de la habitación. Una vez que tuviera el otro ojo corregido, podría jugar al golf sin gafas. Podría conducir sin lentes de contacto. Antes de eso, no podía ver el reloj a un metro de mi almohada. Lo mejor es que todo lo que veía era más nítido, más enfocado y más vibrante que cualquier cosa que hubiera visto en años.

Además, experimenté algo completamente inesperado: una elevación del estado de ánimo. No me di cuenta de que estaba soportando una corriente subterránea de estrés porque no podía ver con claridad. La claridad engendra calma. También genera confianza. Aquí hay un paralelo útil en cuanto a la forma en que la visión influye en nuestras organizaciones. Del mismo modo que los nuevos lentes agregan claridad de visión y la sensación de bienestar que los acompaña, la misma dinámica ocurre cuando un líder guiado por la visión reemplaza el negocio sin rumbo como de costumbre con una imagen vívida del futuro. Y es por eso que la primera pregunta de calificación para tu guion de la visión involucra la claridad.

La visión requiere claridad

Piensa en lo que esperamos de documentos como estos:

- Declaraciones juradas
- Planos
- Propuestas de libros
- Planes de negocios
- Pautas de solicitud para la universidad
- Contratos
- Escritos de diseño
- Especificaciones de dispositivos
- Direcciones
- Manual del empleado
- Instrucciones
- Facturas
- Descripciones de trabajo
- Leyes
- Documentos legales
- Planes de *marketing*
- Características de productos
- Estimaciones de proyectos
- Recetas
- Protocolos de seguridad

La razón por la que insistimos en que estos y otros documentos similares sean claros es porque esperamos que sirvan para ciertos fines, para producir resultados particulares. Y juzgamos su supuesta claridad en función de si podemos usarlos para producir los resultados deseados. Si una receta no funciona, casi siempre es porque algo no estaba claro en las instrucciones. (A menos que yo esté cocinando, en cuyo caso es seguro culpar del error al usuario). La visión no es diferente. Pero la claridad puede ser difícil de conseguir. ¿Por qué? Hay una tendencia a que las visiones sean abstractas al principio. Después de todo, estamos describiendo lo invisible, lo que aún no está aquí, lo que se encuentra en el horizonte. Pero tu guion de la visión debe ser tan claro, a su manera, como cualquiera de los documentos enumerados anteriormente.

Una visión poco clara no producirá los resultados que buscas. Como preguntan los profesores Heiki Bruch y Bernd Vogel: «Si no puedes identificar claramente una visión, en primer lugar, y esta permanece en el ámbito de las generalidades vagas, ¿cómo puedes esperar comunicarla a toda la empresa?».[2] Para que una visión sea clara, tiene que ser concreta, no abstracta.

Sin embargo, eso no es todo. Tu visión también debe ser explícita. Es decir, debe expresarse adecuadamente en un lenguaje fácil de entender. Debido a que la visión casi siempre comienza con el líder, también existe una tendencia a que las visiones vivan en sus cabezas y nunca salgan de ahí. Una razón es lo que a veces se llama la «maldición del conocimiento». La visión es obvia para el líder, porque la conoce y, por lo tanto, asume que todos los demás también la conocen, pero ¿cómo podrían otros conocerla a menos que el líder dé a conocer la imagen completa?

Hace un par de años, unos amigos vinieron de California a reunirse conmigo para cenar. Fui al restaurante donde habíamos acordado reunirnos en Franklin, que está justo al sur de Nashville. Pocos minutos después de las cinco, miré mi reloj y pensé: *Bueno, eso no parece cosa de ellos. Normalmente son puntuales.* Los minutos pasaron lentamente. Me senté allí, quince, treinta minutos antes de que finalmente recibiera una llamada telefónica.

—Lamentamos llegar tarde, Michael —dijeron, parecían molestos y avergonzados—. Tenemos dificultades para encontrar el restaurante.

—Está bien —les dije—. No hay problema. Está a la derecha de la Interestatal 65. En Franklin, Tennessee. Todo lo que deben hacer es ir hacia el sur por la Interestatal 65 desde su hotel, por el aeropuerto.

—¡Ahhh! —dijeron ellos—. ¡Estamos en Franklin, Kentucky!

Un simple error. Habían pulsado «Franklin» en el dispositivo de posicionamiento global (GPS), y apareció un «Franklin». Habían manejado directo hacia el norte hasta Franklin, Kentucky, en vez de hacerlo hacia el sur hasta Franklin, Tennessee. Olvidé darles una idea completa de dónde nos reuniríamos. Puesto que no eran de la ciudad, ¿cómo podían saberlo?

No cometas el error de pensar que tu visión es obvia para el resto del equipo solo porque la has expresado. Aprendí por las malas que la dirección y los pasos necesarios pueden ser claros para ti, pero eso no significa que los que te rodean verán las cosas exactamente como tú. Una visión clara no solo es concreta, sino explícita. Una visión implícita no funcionará bien, si es que lo hace. Si tu equipo o tú no tienen claro el destino, vagarán.

> **Una visión clara no solo es concreta, sino explícita.**

Tal vez te hayas preguntado por qué tu empresa lucha para ganar arrastre en tu visión para el futuro. ¿Podría ser que solo tienes una idea aproximada de hacia dónde te gustaría dirigir la organización en los próximos tres a cinco años? ¿Lo has dejado tan claro como un plano? ¿O estás usando frases genéricas para describir tu gran idea? ¿Te has resistido a sacar el tiempo para agudizar tu visión, dejando a tus empleados confundidos?

Cuando le proporcionas una visión concreta y explícita a tu equipo, permites que ellos se muevan más rápido en la dirección correcta, con un propósito y confianza. Por el contrario, cuando le falta claridad, no va a hacer el mismo tipo de progreso. El estrés se convierte en un subproducto subyacente. Lo mismo ocurre con la ineficiencia, el desperdicio de recursos, la pérdida de tiempo y un equipo desmoralizado.[3]

La visión tiene que ver con la vista compartida. No es suficiente ver el futuro. Debes asegurarte de que otros puedan ver lo que tú ves y actúen en consecuencia. No vas a la deriva a un destino que has elegido. Al contrario, debes ser intencional, obligándote a dejar en claro lo que quieres y luego presentarlo de forma concreta y explícita. Por fortuna, la cuadrícula de la visión puede ayudarnos con eso.

La cuadrícula de la visión

Como ejecutivo y entrenador ejecutivo, he visto caso tras caso en que los líderes luchan por transferir su visión a su equipo. Tal vez no la articulan completamente, dejando parte de ella sin expresar. O la expresan por completo, pero usan frases vagas e insensatas palabras de moda. Algunos líderes que realmente tienen dificultad con esto pudieran dejar su visión vaga e inexpresada. Cualquiera

CUADRÍCULA DE LA VISIÓN

de estos tres escenarios terminará frustrando a todos los involucrados, en vez de motivar una acción productiva. Los tres escenarios son resultado de una falta de comunicación. La cuadrícula de la visión es una herramienta que te permite verificar tu visión respecto a cuatro propiedades, ya sea abstracta o concreta, implícita o explícita.[4] Después de apartar un momento para estudiar la cuadrícula, examinemos qué sucede en cada uno de los cuadrantes.

En el *cuadrante 1* (abstracta, implícita), el líder tiene una vaga idea de cómo quiere que sea el futuro. Es más una corazonada, tal vez una ilusión. Como la imagen en su mente es difusa, busca las palabras adecuadas para vender su visión; nunca la exterioriza por completo. El equipo termina en la tierra del pensamiento brumoso. Como resultado, el liderazgo se siente frustrado porque el equipo no está siguiendo el programa. ¿Pero puedes culparlos? No saben en qué dirección ir.

En el *cuadrante 2* (abstracta, explícita), el líder también tiene una vaga idea de cuál podría ser el futuro de la empresa. Pero en vez de pasar el tiempo necesario para mejorar su visión, habla en términos concluyentes mientras describe lo que para todos los demás suena como ideas brumosas. Esto sucede, a menudo, cuando el líder es entusiasta y activo, pero no ha traducido esa energía al lenguaje con el que el equipo puede conectarse. Ella habla sobre sinergia, ir a otro nivel, irrupción, fruto al alcance de la mano y habilidades. Los miembros del equipo se van en un estado de confusión. Algunos pueden pensar que saben a dónde quiere llevar el jefe la compañía. Otros se van sintiendo que no hay nada que hacer.

En el *cuadrante 3* (concreta, implícita), el líder tiene una visión del futuro completamente desarrollada y concreta. Incluso podría ver todos los pasos necesarios para hacer avanzar al equipo. Pero, en lugar de ser explícito y comunicar la infraestructura al equipo, asume erróneamente que la visión debería ser obvia para su equipo. Una visión intuitiva a veces puede funcionar en una tienda pequeña; de hecho, es común en los inicios. Pero cuanto más grande es el negocio, más explícita debe ser la comunicación para que la visión se registre. De lo contrario, lo que es obvio para el líder será opaco para el equipo.

Si tu visión vive en cualquiera de estos tres cuadrantes, estás en problemas. En varias ocasiones, mi fallida empresa editorial vivió en uno u otro de estos tres. Fue parte de lo que hundió nuestro barco. Tu equipo no puede leer tu mente.

No hay nada más satisfactorio que proceder con **confianza**, sabiendo que tu equipo está alineado y **apasionado** por el futuro, puesto que tu visión es **clara**.

Tampoco pueden estar más claros en cuanto a tu visión que tú. Esa es una receta para la confusión y la frustración. Sin embargo, la situación mejora dramáticamente a medida que avanzamos al *cuadrante 4* (concreta, explícita), que es lo que un guion de la visión bien escrito puede ayudarte a hacer. En el cuadrante 4, el líder tiene una visión del futuro completamente desarrollada y concreta. Lo ha detallado plenamente para su equipo, articulándolo en un lenguaje preciso y sin ambigüedades. Este tipo de claridad le permite a su equipo traducir su visión en estrategias, metas, objetivos y tareas. Más que eso, pueden tener una idea de la pasión y el propósito detrás de todo. La claridad crea conexión. Y no hay nada más satisfactorio que proceder con confianza, sabiendo que tu equipo está alineado y apasionado por el futuro, puesto que tu visión es clara.

Entonces, ¿cómo obtienes claridad? A continuación hay algunos consejos que he encontrado útiles y que han ayudado a los líderes con los que he trabajado.

Cinco pasos para obtener claridad

Al principio de mi carrera asistí a una conferencia de ventas en Colorado Springs mientras mi esposa, Gail, visitaba a sus padres en Denver. El plan era que me uniera a ella después de que terminara el evento, ya que Denver no está lejos de Springs. Fue entonces cuando sucedió lo imprevisto. No mucho después de empezar a recorrer hacia el norte por la Interestatal 25 a Denver, el clima cambiante e impredecible de Colorado pasó de soleado a nevado en cuestión de minutos. Las temperaturas cayeron mientras la nieve comenzó a acumularse.

Cuando llegué al paso divisorio de la Selva Negra —lo que se conoce como la Colina del Monumento— los vientos golpearon y afectaron la visibilidad a unos seis metros.

Ahí estaba yo, un chico de veintiocho años de Tennessee, criado originalmente en Waco, Texas, que rara vez veía nieve, y mucho menos condiciones tormentosas de nieve. Decir que estaba asustado sería mentir. Estaba completamente desorientado por el repentino blanqueamiento. Fue entonces cuando noté que me estaba quedando sin gasolina. Me acerqué a la rampa de salida más cercana con la esperanza de encontrar combustible. Eso fue en los días previos a los teléfonos celulares con aplicaciones de viaje para dirigirte a la estación más cercana. Por desdicha, no había combustible en esa salida. Y, sin un GPS que me guiara, sentí como si me hubieran dado vueltas. No sabía qué camino tomar para volver a la autopista hacia Denver. No podía ver la carretera porque todo era un campo blanco.

Comencé a debatir entre si debía detener el auto e intentar resistir la tormenta o seguir adelante. No tenía mantas y, con la gasolina limitada, no podía dejar el motor en marcha para mantenerme caliente. Además, no tenía comida ni agua. Me senté ahí tratando de calcular el riesgo. Si me quedaba, me moriría de frío. Pero si continuaba, podría salir del camino y morir congelado. Lo único que tenía claro era que debía tomar una decisión.

Pensando que en cualquier lugar tenía que ser mejor que donde estaba en ese momento, seguí adelante, arrastrándome a un ritmo de caracol de quizás unos cuarenta kilómetros por hora en una carretera con un límite de velocidad de ciento veinte kilómetros por hora. Por dicha, encontré mi camino hacia el norte, hallé una estación de servicio abierta e hice el viaje en aproximadamente seis horas llenas de suspenso. Sin el clima adverso, podría haber hecho el viaje en noventa minutos como máximo.

Cuanto más claro seas, más rápido y más confiable serás. Por el contrario, cuanto más difusas son las cosas, más lento y más incierto te mueves. Sin claridad, navegar por tu camino en la vida y en los negocios es como conducir en una tormenta de nieve. En última instancia, podrías llegar a tu destino, como lo hice yo, pero la claridad de la dirección te permite significativamente llegar más rápido. Como dice Jenny Blake: «Cuanto más clara sea tu visión, más fácil será decidir qué pasos dar y más fuertes serán tus instintos en el camino».[5] De modo que, ¿cómo aclaras cuando te sientes borroso? Tal vez no estés seguro acerca de tu plan, no estés seguro en cuanto a qué hacer, y parezca que tu competencia te está pasando, dejándote en el polvo. Todo líder se enfrenta a eso en un momento u otro. De hecho, uno de los tres principales desafíos que enfrentan los líderes, según una encuesta informal de los lectores de MichaelHyatt.com, es no tener suficiente claridad para lograr nuestra visión y nuestras metas. Entonces, ¿cómo podemos encontrar la claridad que necesitamos? Es más simple de lo que piensas. Aquí hay cinco pasos simples para obtener claridad y avanzar.

Primero, *reconoce que no estás claro*. Es fácil negarlo cuando no tenemos dirección. Queremos proyectar confianza aun cuando no la sintamos. Así que es difícil admitir que nos falta algo. Pero ese es el primer paso hacia la claridad: admitir que no la tenemos. Hasta entonces, no estaremos listos para ello.

Segundo, *reconoce tus anteojeras*. En su libro *Clarity First*, Karen Martin identifica seis factores clave que mantienen a los líderes sin claridad. Todos son diferentes, pero trabajan para nublar el mundo que nos rodea: ignorancia, falta de curiosidad, exceso de confianza, sesgos cognitivos, limitaciones de tiempo y miedo.[6] Se necesita algo de autorreflexión para ver si alguno de ellos es operativo, pero vale la pena el esfuerzo.

Tercero, *solicita información*. Creo firmemente en el proverbio que dice: «Cuando falta el consejo, fracasan los planes; cuando abunda el consejo, prosperan».[7] Existen muchas fuentes de buenos consejos: cónyuges, mentores, entrenadores ejecutivos, colegas de negocios, colegas de la industria, tu equipo, etc. Pregúntales qué piensan. No estás solo. Cuarto, *procesa la retroalimentación*. Ahora que tienes comentarios de las fuentes más importantes, debes procesarlos. Sugiero que estés solo, reflexiones y escribas en un diario. La escritura exterioriza nuestros pensamientos, lo que nos ayuda a criticarlos y mejorarlos. También recomiendo incluir a los miembros principales de tu equipo. Revisen el trabajo juntos.

Quinto, *simplemente empieza*. Es importante ponerse en movimiento. Cuando no puedes leer un letrero, tienes varias opciones: piensas más sobre lo que pudiera decir el letrero, arrugas los ojos para cambiar tu enfoque, compras anteojos de alta potencia o le pides a un amigo que te lo lea. Pero la mejor y más fácil forma de obtener más claridad es acercándote al letrero. Dar pasos al frente puede enfocar las cosas.

Y eso es cierto para tu guion de la visión. Blake ofrece el mismo consejo básico cuando las personas le dicen que no tienen su visión clara. «Nunca acepto un "No sé" como respuesta», dice ella. «Porque cada vez (y quiero decir *cada* vez) yo les digo: "Adivina. Simplemente haz el intento, aunque no conozcas los detalles", las respuestas comienzan a salir. "No lo sé" se disuelve rápidamente después de una investigación adicional».[8] Así que solo comienza.

No esperes que la visión se enfoque instantáneamente, como un destello cegador de revelación. Probablemente no lo hará. Martin compara la claridad con un hábito que lleva tiempo desarrollar. «La persistencia paciente es clave», dice ella.[9]

La buena noticia es que no tenemos que ver todo el asunto de una sola vez, y podemos evitar perder mucho tiempo y preocupación intentándolo. La visión no es un fenómeno

La visión no es un fenómeno de una sola vez y listo. Es un proceso.

de una sola vez y listo. Es un proceso. Recuerda, en este punto tu guion de la visión todavía es cemento húmedo. A medida que comiences a trabajar en tu visión, esos pasos iniciales te ayudarán a hacerla más concreta y explícita.

Todos nos encontramos perdidos en el camino de vez en cuando o moviéndonos con solo una vaga sensación de hacia dónde vamos. Estos cinco pasos nos pueden dar la dirección que necesitamos para encontrar el curso correcto y alcanzar nuestras metas y nuestra visión.

El camino por delante

De modo que, ¿está clara tu visión? Como líder guiado por la visión, eres los ojos de tu organización mirando hacia el futuro, impulsando tu desempeño por un camino pionero. Para ser un líder efectivo, se necesita una visión clara de forma que tu organización tenga la mejor oportunidad de sobrevivir y prosperar. Porque una empresa puede acelerar su crecimiento con la visión correcta y puede evitar el declive con la visión correcta.

Cuando digo «la visión correcta» me refiero a una visión que no solo aborde lo que quieres (pregunta 3), sino que también es concreta y explícita. Cuando hayas alcanzado ese nivel de claridad, el equipo sabe a dónde va, por lo que se inspiran para seguirte a la realidad futura.

La claridad sin inspiración conduce al aburrimiento y al desinterés, y la inspiración sin claridad conduce a la emoción sin dirección. Tu visión tiene que incluir ambas cosas. Es por ello que lo que exploraremos en la siguiente pregunta es la inspiración.

¿Inspira?

Gente movida mueve gente

La capacidad de visualizar el futuro es tan esencial
para el liderazgo como lo es la de articularlo de una
manera que inspire a otros.

RICHARD SHERIDAN[1]

Malala Yousafzai nació en el valle Swat de Mingora, Pakistán. Su padre era maestro y fundó una pequeña escuela privada para niñas en su pueblo. Quería que Malala tuviera las mismas oportunidades educativas que los niños de su edad. Pero cuando Malala cumplió once años, los talibanes tomaron el control del valle Swat.

En su esfuerzo por contener las influencias occidentales, los talibanes no solo prohibieron la música y la televisión, sino que también obligaron a las mujeres a usar burka y a salir de las escuelas. Las niñas ya no eran libres para aprender. Además, los talibanes volaron más de cien escuelas de niñas y colgaron los cuerpos decapitados de los policías en las plazas de las ciudades como declarando quién tenía el control.[2] Pero, alentada por su familia, Malala vio un futuro diferente para su país y el mundo más allá de las fronteras; un mundo donde el acceso al aprendizaje estaba abierto tanto para niños como para niñas.

Así que se puso a trabajar de inmediato, asociándose con periodistas para detallar los horrores de la vida bajo los talibanes. Era arriesgado, pero ella tenía todo en su visión. Usó su visión para motivar a su país y, en última instancia, al mundo para movilizar a los oprimidos con sus problemas actuales hacia un futuro de esperanza. ¿Cómo? No por la mera rectitud de la causa. El comportamiento de los talibanes era inmoral e indefendible, pero eso no impidió que prevaleciera.

No, Malala hizo más que presentar una visión clara de un futuro en el que cada niña sería libre de asistir a la escuela. Con valentía desafió a los terroristas a pesar de un gran riesgo personal e inspiró al mundo con su visión. Aunque hablar contra los talibanes invitaba a una sentencia de muerte, Malala presentó una charla en un club de prensa de la localidad, titulada: «¿Cómo se atreven los talibanes a quitarme mi elemental derecho a la educación?».

Más tarde, ese mismo año, cuando el gobierno de Pakistán otorgó a Malala el Premio Nacional de la Paz, le preguntaron sobre el riesgo que corría al ser tan franca contra los talibanes.[3] Respetando su visión resueltamente, dijo: «Pienso en ello a menudo e imagino la escena claramente. Aunque ellos vengan a matarme, les diré que lo que están tratando de hacer está mal, que la educación es nuestro derecho elemental».[4]

Diez meses después, siguiendo las órdenes de un notorio clérigo, un pistolero enmascarado subió al bus de su escuela y preguntó: «¿Cuál de ustedes es Malala? Hablen, de lo contrario les dispararé a todos. Ella está difamando a los soldados de Alá, los talibanes. Debe ser castigada».[5] Al reconocer a Malala, el militante le disparó, golpeándola en la cabeza y el cuello. Fue un disparo escuchado en todo el mundo.

Malala se recuperó del intento de asesinato y tuvo que tomar una decisión. «Podría llevar una vida tranquila», dijo, «o aprovechar al máximo esta nueva vida que me habían dado. Decidí continuar mi lucha hasta que todas las niñas pudieran ir a la escuela».[6] Redobló sus esfuerzos para garantizar que todas las niñas del mundo tengan acceso a doce años de educación. No solo rechazó el *status quo* del miedo y la opresión, sino que estableció el Fondo Malala para fomentar una visión de lo que es posible. En el proceso, se convirtió en la receptora más joven del Premio Nobel de la Paz.

Por qué es clave la inspiración

La visión de Malala continúa inspirando al mundo a cambiar y a las personas a invertir en su realización. Conmovida por la historia de Malala, Angelina Jolie hizo una donación personal de 200.000 dólares para financiar los esfuerzos educativos de las niñas en la ciudad natal de Malala. En 2016, el Fondo Malala atrajo una subvención de cuatro millones de dólares de la Fundación Bill y Melinda Gates para «dar a todas las niñas una educación secundaria». En 2018, Apple anunció que se estaba asociando con el Fondo Malala para «educar a más de 100.000 niñas en todo el mundo» al proporcionar asistencia tecnológica y curricular.[7]

A lo largo del camino, el Fondo Malala proporcionó educación a más de 1.200 niños que perdieron la capacidad de asistir a la escuela en Sierra Leona cuando el gobierno cerró las escuelas para evitar la propagación del

Una visión que fracasa en inspirar seguramente expirará.

ébola.[8] Estos son los resultados en el mundo real de una visión inspiradora.

No es suficiente tener una visión. No es suficiente que tu visión sea clara. Para que una visión sea efectiva, debe ser lo suficientemente poderosa como para estremecer la indulgencia y reemplazarla con la motivación para actuar. A menos que tu guion de la visión encienda corazones, mentes, pasiones y creatividad, no atraerá el talento ni la aceptación de tu equipo; lo cual es necesario para llegar a tu destino. Tus clientes tampoco lo aceptarán. Y renunciarás al impacto y la contribución que, de otro modo, podrías tener en el escenario mundial. Una visión que fracasa en inspirar seguramente expirará.

¿Inspira tu visión? Hay cuatro características para garantizar que así sea. Primero, que se enfoque en lo que no es, no en lo que es. Segundo, que sea exponencial, no incremental. Tercero, que sea arriesgada, no estúpida. Cuarto, que se centra en qué, no en cómo.

¿Por qué estas cuatro? Recuerda nuestra definición de visión al comienzo del libro: es una imagen inspiradora, clara, práctica y atractiva del futuro de tu organización, una superior al presente. Si tu visión del mañana es más o menos la misma que hoy, falla en todos los puntos. Debes asegurarte de que tu visión vaya más allá de hoy e impulse la acción hacia el mañana. Vamos a profundizar en cada una de estas características ahora.

1. Lo que no es, no lo que es

El primer taxi de gasolina fue construido por Gottlieb Daimler en 1897. Más tarde ese año, Friedrich Greiner comenzó la primera compañía de taxis motorizados en

Stuttgart.[9] Avancemos cien años más o menos. En 2006, más de 240 millones de personas viajaban en taxi en la ciudad de Nueva York.[10] Claramente, el negocio del taxi no era una idea nueva. Esto es lo que quiero decir con «lo que es». Luego llegaron Garrett Camp y Travis Kalanick. Al centrarse en «lo que no es», es decir, una compañía de taxis que no era propietaria de ningún automóvil y no tenía conductores en la nómina, fundaron Uber. Según cuenta la historia, Garrett y Travis no pudieron conseguir un taxi en París.[11] Después de su regreso a los Estados Unidos, Garrett comenzó —en su tiempo libre— a pensar en la idea de un servicio de viaje compartido basado en aplicaciones. Aproximadamente un año después, Garrett le presentó a Travis sus ideas iniciales. Así es como me imagino que ocurrió esa conversación.

—Oye, Travis, ¿recuerdas esa noche en París que no pudimos encontrar un taxi?

—¿Cómo podría olvidarlo? ¡Casi nos morimos congelados!

—Exacto. Tengo una idea loca —dice Garrett—. ¿Qué tal si tú y yo encontramos una manera de facilitar todo el proceso de los taxis? Tal vez pudiéramos conectar a los clientes directamente con su viaje usando una aplicación.

—Y la gente podría tomar un taxi con solo presionar unos botones —agrega Travis—. Pero —pregunta— ¿no significa eso que necesitamos recaudar un capital para comprar una flota de autos?

—En realidad, no poseeremos *ningún* vehículo…

—¿En serio? —lo interrumpe Travis— ahora dirás que no tendremos ningún conductor.

—Buena deducción. Tampoco tendremos conductores en nuestra nómina.

Esa es una visión radicalmente transformadora del modelo de taxi existente. ¿Conductores que trabajan para ellos mismos, sin experiencia previa en taxi? Absurdo. ¿Conductores que usan un mapa digital para recoger y encaminar a los clientes por la ruta más rápida al destino? Era tan inaudito como la idea de que las tarifas, los pagos y los recibos se manejarían a través de una aplicación que crearían. Eso es lo que se llama construir una visión inverosímil.

Hoy, Uber es la compañía de transporte terrestre más grande del mundo, y no son dueños de sus propios automóviles.[12] Su visión innovadora no parece tan loca ahora, ¿verdad? Eso se debe a que, como dice Duncan Watts, todo es obvio una vez que conoces la respuesta.[13] La visión retrospectiva es 20/20. Garrett y Travis podrían haber tomado el camino más seguro y conservador al imaginar algún tipo de asociación dentro del ecosistema de taxis existente. O bien, podrían haber dejado que la miríada de obstáculos tácticos y logísticos del «cómo» apagaran su idea integral antes de salir de la puerta.

En vez de eso, dieron un paso hacia el futuro e imaginaron lo que podría ser aparte de las mejores prácticas existentes en los servicios de taxi, limusina y tránsito. En solo diez años, Uber se disparó pasando de ser una visión aparentemente ridícula del futuro, a la de una compañía mundial con cerca de cien millones de usuarios.[14] Al momento de escribir este artículo, Uber disfruta de una participación bursátil de casi setenta por ciento en el mercado estadounidense y está valorada en setenta y dos mil millones de dólares.[15]

Su visión inspiró a millones de clientes que consideran que la nueva facilidad de transporte es irresistible. También inspiró a legiones de conductores que, de otro modo, no podrían entrar en el negocio por sí mismos, incluidos aquellos que solo quieren ganar algunas horas para mejorar su situación financiera. Tengo mis dudas de que Uber estaría donde está hoy si hubieran proyectado una visión tibia para su futuro, o si se hubieran centrado en «lo que es» en lugar de «lo que no es».

2. Exponencial, no incremental

Tú sabes que tu visión será inspiradora cuando pasas de dar los pequeños pasos del cambio incremental a buscar ideas gigantes, exponenciales y precursoras. El 9 de enero de 2007, Steve Jobs da el salto hacia el futuro cuando presentó el primer teléfono celular sin teclado ni lápiz. No estamos hablando de un mejor teclado; este movimiento representaba una tecnología completamente nueva. Él dijo: «El iPhone es un producto revolucionario y mágico que está literalmente cinco años por delante de cualquier otro teléfono móvil».[16] Tenía razón.

Una visión incremental habría sido un mejor teclado físico, uno con una acción más suave, botones de tamaño ideal, etc. Pero Jobs reconoció que una de las limitaciones clave para la utilidad del teléfono inteligente era el gran conjunto de teclas mecánicas inamovibles que ocupaban espacio y limitaban las aplicaciones potenciales del dispositivo. Imagina las aplicaciones que usas actualmente en una pantalla la mitad del tamaño o menos. Por eso decidió que el teclado tenía que irse. En un salto exponencial, reemplazó las teclas físicas con teclas virtuales que podrían aparecer cuando se necesite, desaparecer cuando no sea necesario y dejar todo ese espacio para una pantalla mejor y más grande.

Anticipándose a las críticas de la multitud de Nokia y BlackBerry, los entonces líderes en el espacio, Jobs dijo:

«Todos nacemos con un decisivo dispositivo señalador, nuestros dedos, y el iPhone los usa para crear la interfaz de usuario más revolucionaria desde el *mouse*».[17] Aun así, los escépticos se apresuraron a opinar. Steve Ballmer, exejecutivo de Microsoft, dijo: «¡Eso no atrae a los clientes comerciales porque no tiene teclado!».[18] Estoy seguro de que se arrepiente de ese comentario.

La respuesta de la revista *PCWorld* también fue dudosa: «Todavía estamos interesados en el teclado de software y la entrada predictiva de texto: funcionan razonablemente bien, pero la entrada de texto en general es aún más fácil con un teclado de hardware, y el iPhone puede no ser la mejor opción para las personas que necesitan componer muchos correos electrónicos».[19]

El multimillonario Marc Andreessen, cocreador del navegador web Mosaic, cofundador de Netscape y fanático de BlackBerry, también tenía sus dudas. Le preguntó a Steve Jobs durante el almuerzo: «Oye, Steve, ¿no crees que va a ser un problema no tener un teclado físico? ¿Va a estar bien la gente escribiendo directamente en la pantalla?». Jobs dijo: «Se acostumbrarán».[20]

Otros pronosticaron el fracaso del iPhone, incluido este titular: «Predecimos que el iPhone será todo un fracaso». El crítico afirmó: «Ese teclado virtual será tan útil para pasar correos electrónicos y mensajes de texto como un teléfono rotativo».[21] Esos críticos estaban equivocados. La visión exponencial de Apple fue tan inspiradora y atractiva para los clientes que en julio de 2016, Apple celebró la venta de más de mil millones de teléfonos.[22] A nadie le encantó, excepto a las personas, las que considerarían un teclado físico como un gran paso atrás ahora que están acostumbradas a los beneficios de una pantalla grande.[23]

3. Arriesgado, no estúpido

En principio, todos los productos que creamos en Michael Hyatt & Co. eran digitales, excepto los eventos en vivo. Teníamos un sitio de membresía para ayudar a los líderes a construir su plataforma en línea y dos cursos digitales: uno que enseña nuestro marco exclusivo de logro de objetivos (cinco días para *Tu mejor año*) y otro que enseña nuestra metodología probada de productividad (*Libre para enfocarte*), los cuales ahora también son libros.

Nos gustaban los productos digitales porque los costos son bajos, se extendían fácilmente y nuestros clientes podían comenzar a beneficiarse momentos después de haber realizado el pedido. ¡La entrega era instantánea! Basados en su participación, podíamos decir que nuestros clientes estaban contentos. Desviarse de esa fórmula probada sería arriesgado, pero sentíamos que era necesario.

La historia de nuestro *planificador de enfoque completo* sirve para ilustrar el punto anterior y también funciona en el microcosmos como un ejemplo de todo el proceso de creación y proyección de la visión. Dos cosas conspiraron para lograrlo. Primero, sabíamos que *Tu mejor año* y *Libre para enfocarte* ofrecían no solo sistemas complementarios sino esencialmente interrelacionados. Trabajan mejor juntos. Pero no teníamos ningún producto que los integrara.

Discutimos esto en nuestras reuniones de equipo ejecutivo casi al mismo tiempo que varios de nosotros leíamos el libro de David Sax, *The Revenge of Analog*.[24] ¡Genial! Lo supimos de inmediato: necesitábamos crear un planificador físico en papel, combinando nuestro sistema de logro de objetivos y la metodología de productividad en un compañero simple, intuitivo, portátil y diario. La lógica detrás de eso es que si un ejecutivo o empresario ocupado está en su teléfono, computadora de escritorio o tableta, está sujeto a un millón de distracciones. Un producto físico reduce el desorden al tiempo que proporciona las herramientas para destilar los objetivos principales en las tareas diarias. Tuvimos todo tipo de personas que dijeron: «Un planificador de papel, ¿me estás tomando el pelo? ¿Sabes que este es el siglo veintiuno?». Recibí respuestas como esa en las redes sociales durante semanas. Pero nuestra suposición operativa era que si quieres estar claro en tus objetivos y tus acciones diarias, el mejor lugar para hacerlo era en un entorno alejado de todo el ruido de, por ejemplo, las redes sociales.

¿Podíamos fallar? Seguro. Como empresa, nunca antes habíamos creado un planificador o cualquier otro producto físico. ¿Qué pasaría si la respuesta del mercado era escasa? ¿Qué ocurriría si hundiéramos un montón de dinero en efectivo en un inventario que no pudiéramos mover? Esa es la parte arriesgada. ¿Pero era estúpido? De ningún modo. Ya sabíamos que a los clientes les encantaba lo que podían lograr con *Tu mejor año* y *Libre para enfocarte*. Combinarlos parecía obvio.

Más allá de eso, tres miembros de nuestro equipo ejecutivo, nuestro jefe de *marketing*, nuestro jefe de contenido y yo, todos teníamos experiencia en publicaciones. ¡Sabíamos justo lo suficiente como para ser peligrosos! Un planificador es más complicado que un libro comercial estándar (como el que tienes en tus manos), pero sabíamos lo que queríamos y sabíamos cómo encontrar los socios adecuados para poner en marcha el proyecto.

Diseñamos el planificador e imprimimos 10.000 ejemplares. ¡Durante la fase de pedido anticipado, los vendimos todos casi de inmediato! De hecho, subestimamos la demanda. Tuvimos que correr para realizar una segunda impresión antes de que se nos acabara el inventario. Cada vez que pedíamos más, descubríamos que no podíamos seguir el ritmo de la demanda. Terminamos vendiendo 100,000 ejemplares solo en el primer año. Nos arriesgamos con un nuevo producto inspirador y transformador, y valió la pena.

La visión tiene que ver con lo que es el futuro, no con cómo planeas llegar allí.

Hay una diferencia entre una visión tan grande que te hace sentir incómodo y una que es simplemente estúpida. ¿Cómo puedes saberlo? Aquí tenemos algunas preguntas calificativas. ¿Es probable que fracases? Si es así, es estúpido, no arriesgado. ¿Cree tu equipo en ella o pueden los accionistas clave alinearse con ella? Si no pueden, es estúpido, no arriesgado. El riesgo ¿pone en peligro tu misión? A menos que tu misión ya esté en peligro y la nueva visión sea tu plan para sobrevivir (¿recuerdas el ejemplo de Fuji Film?), es estúpido, no arriesgado.

Muchas empresas han hecho apuestas estúpidas y han sobrevivido, incluso prosperado. Pero el sesgo del sobreviviente significa que no debes seguir su ejemplo; piensa en todas las compañías que hicieron apuestas estúpidas, lo perdieron todo y ya no están por ahí para advertirlo.[25] Cualquier cosa grande e inspiradora será un poco arriesgada, pero no debería ser estúpida.

4. Qué, no cómo

La visión tiene que ver con lo que es el futuro, no con cómo planeas llegar allí. Cuando el humo se disipó en las escuelas de niñas bombardeadas, Malala Yousafzai pudo no haber trazado un camino hacia la Fundación Gates y las donaciones de Apple. Tampoco necesitaba hacerlo. Ella solo necesitaba hacer que el resto de nosotros anhelara justicia, igualdad y el derecho de las niñas a aprender. Cuando hice mi retiro para crear la visión después de convertirme en publicador de Nelson Books, sabía que tenía que concentrarme en mi visión de la división y resistir la tentación de enfocarme en la estrategia y las tácticas. La visión y la estrategia son importantes. Pero hay una prioridad para ellas. La visión (*qué*) siempre precede a la estrategia (*cómo*). Si no hay destino, no hay camino para llegar allí. Pero si tienes una visión clara, al fin encontrarás la estrategia correcta para llegar a donde quieres ir. Sin visión, ninguna estrategia te salvará.

Sabía que necesitaba una visión que fuera tan grande que inspirara no solo a otros sino a mí como líder del equipo. Sabía que si mi visión no era convincente, no tendría la motivación para mantener el rumbo una vez que llegara la adversidad. Tampoco podría reclutar a otros para que me ayudaran a lograr mi «lanzamiento lunar».

Considera lo contrario, es decir, si hubiera sido estratégico antes que visionario. «Bueno —podría haber dicho— no veo cómo podemos lograr esto. La situación es muy grave. No tenemos los recursos necesarios para hacerlo. Mi equipo está agotado. Vamos a sacar los costos el próximo año. Tal vez podamos reducir nuestro capital de trabajo vendiendo un poco de inventario obsoleto para mejorar nuestros resultados. Tal vez podamos firmar algunos nuevos autores para obtener un pequeño crecimiento de los ingresos».

¿Crees que alguien en mi división se habría emocionado si volvía con eso? ¿Habría atraído a los nuevos agentes y autores necesarios para hacer crecer nuestra lista? ¿Habría retenido a los empleados adecuados? ¿Habría asegurado otros recursos corporativos? ¿Tendría el equipo de ventas un mensaje cautivador que energizaría a los minoristas a nuestro favor? No lo creo.

Al centrarse en un inspirador *qué*, las personas encuentran su *por qué*. El problema de centrarse primero en *cómo* es que dejamos de creer en un mañana superior. No vemos cómo podemos lograr más. Ajustamos nuestra visión para que sea «realista». Y debido a que tendemos a experimentar lo que esperamos (pregunta 3), manifestamos nuestras bajas expectativas. Crecemos menos de lo que podríamos, logramos menos de lo que somos capaces y experimentamos menos de lo que merecemos.

No tomé ese enfoque. Al contrario, desarrollé una visión que encontré convincente. Sabía que si no podía entusiasmarme con eso, no podría venderlo a otros. Necesitaba darme permiso para imaginar el futuro ideal sin pensar en cómo llegaríamos allí. Porque los pensamientos del cómo siempre estrangulan el qué, y eso significa que nunca llegarás a donde realmente quieres ir.

Para mí, el ejemplo por excelencia de qué, no cómo, son los hermanos Wright. Wilbur y Orville Wright tuvieron la visión de hacer una «máquina voladora». Muchos han escrito sobre su obsesión (provocada por primera vez por un helicóptero de juguete impulsado por una banda elástica), los diversos peligros y angustias que enfrentaron (incluidas la humillación y las lesiones), y su viaje que finalmente revolucionó la historia de la aviación tal como la conocemos.

Mi propósito aquí no es ensayar todos esos detalles. Al contrario, solo quiero señalar lo poco que se enfocaron en los enormes obstáculos que enfrentaron o los recursos que les faltaban. Ninguno de los dos había terminado la secundaria ni había ido a la universidad. En lo que se refería a capacitación técnica, eran autodidactas. No había un fondo de capital de riesgo que financiara su iniciativa. La competencia por la visión humana ya era intensa y muchos ya habían fracasado. Varias personas ya habían muerto. Lo que sube debe bajar, a veces más rápido y más duro de lo que quieres. Nada de eso importó, en última instancia. Estaban tan inspirados por su visión sobre el vuelo humano que nada los detendría. Iban a volar; averiguar cómo era secundario.

«Si todos trabajáramos asumiendo que lo que se acepta como verdadero es realmente cierto, habría pocas esperanzas de avance», dijo Orville.[26] Y eso es cierto para todos nosotros. En casi todas las opiniones establecidas, hay suficiente margen para el error, la ignorancia y el análisis insuficiente como para que alguien con ideas nuevas pueda estremecer el *status quo* y llevarnos de ahora a lo siguiente. Esa es prácticamente la definición de *emprendimiento*.[27]

Cambiar el guion

¿Habría tenido éxito, Malala Yousafzai, si le hubiera dicho a un país sufriente que era probable que las cosas pudieran mejorar marginalmente? ¿Y qué acerca de Uber o el iPhone: un servicio de taxi un poco más eficiente o un teclado más agradable habría recibido la misma respuesta entusiasta que sus líderes guiados por la visión obtuvieron al proyectar una visión para algo tremendamente mejor?

«La mayoría de las organizaciones están supremamente organizadas en torno a las operaciones diarias», dice Richard Sheridan, ejecutivo de Menlo Innovations. Esto se debe a que los negocios usualmente funcionan como un guion: todos conocemos nuestras líneas y podemos ofrecerlas como actores bien ensayados. Pero generalmente hay poco sentimiento o pasión en la entrega. «En medio de este ajetreo práctico y útil, ¿cómo avanzamos? ¿Cómo nos reimaginamos y reinventamos?». La respuesta, dice Sheridan, es la visión.[28] Para llevar a las personas más allá de los negocios, como siempre, tenemos que cambiar el guion.

El guion al que estamos más acostumbrados involucra ganancias incrementales, aumentos en el costo de vida, promoción ocasional y beneficios decentes. Ese guion podría haber funcionado en años anteriores, pero en la actualidad nadie ofrece esas líneas con entusiasmo o pasión. No es lo suficientemente inspirador. Creo que eso es particularmente cierto con los mileniales. Cada vez más, nos motiva crear una transformación real en el mundo. Como líder guiado por la visión, es tu trabajo imaginar esa transformación y enrolar a otros para que se produzca.

El guion de tu visión es tu herramienta para cambiar la historia cansina y desalentadora que tantas personas viven. Entonces, ¿es tu visión inspiradora? ¿Hay suficiente atracción, suficiente pasión, suficiente emoción en ella? Como dije antes, si no inspira, seguramente expirará. Una vez que te hayas asegurado de que el guion de tu visión es inspirador, el paso subsecuente es asegurarte de que sea práctico. La siguiente pregunta te ayudará a mejorar aún más tu visión mostrándote cómo —por fin— se conecta con la estrategia.

¿Es práctica?

Comprende la estrategia y la contratación

Alcanzar una meta proporciona satisfacción inmediata; el *proceso* de alcanzarla es un placer duradero.

EVELYN BEREZIN[1]

Estoy escribiendo en un procesador de palabras. Es una tecnología con la que todos estamos familiarizados. Es probable que estemos tan acostumbrados a ello que no lo pensamos ni un momento. Simplemente hacemos clic en la aplicación y escribimos. Pero como cualquier tecnología, hubo un momento en que no existía. Se requirió visión para imaginarla y darle vida, lo que tuvo Evelyn Berezin.

Criada en medio de historias de ciencia ficción en la década de 1930, Berezin se graduó en 1945 en la Universidad de Nueva York con un título en física e hizo un trabajo avanzado en energía atómica. Alrededor de ese tiempo, desarrolló un interés por las computadoras y se fue a trabajar para la Brooklyn Electronic Computer Corporation en 1951. «La única mujer en la tienda, se convirtió en su principal diseñadora de lógica», dice Matthew Kirschenbaum, que relata la historia de ella en su libro *Track Changes*. Más tarde, Berezin se mudó a Teleregister, donde ayudó a desarrollar el primer sistema computarizado de reservaciones de aerolíneas para United Airlines. Luego, tras ser rechazada para un puesto ejecutivo en la Bolsa de Nueva York —porque los altos ejecutivos pensaron que parecería «poco apropiado para una mujer» en ese momento— decidió trabajar por su cuenta.

En un mundo anterior al procesador de palabras, se empleaban secretarias para manejar grandes cantidades de papeleo, correspondencia, memorandos, informes y cosas similares. La herramienta habitual era una máquina de escribir; por lo que, a veces, docenas de mujeres (y eran invariablemente mujeres en ese tiempo) se agrupaban en un salón haciendo el ruido característico de la mecanografía. Pero como cualquiera que haya usado una máquina de escribir sabe, es fácil cometer errores. ¡Hay que volver a escribir! ¿Y qué decir de duplicar textos? Tendrás que volver a escribirlos también. El ingenio de Berezin estaba notando que una computadora podría ayudar a las secretarias a abordar esos y otros desafíos con un mínimo de problemas, liberándolas para trabajar de manera más eficiente y, en última instancia, buscar un trabajo más elevado.

Eso fue a finales de la década de 1960, e IBM había creado recientemente una máquina llamada MT/ST. Tenía cierta capacidad limitada de procesamiento de palabras, pero no era una computadora real y era menos que confiable. Berezin imaginó un tipo diferente de dispositivo, un sistema programable alimentado por microprocesadores. Entonces, en 1969, fundó su compañía, Redactron, y comenzó a construir su computadora de procesamiento de palabras en su propia planta de fabricación. El dispositivo, que denominó Data Secretary (secretaria de datos), comenzó a despacharse dos años después. Era, en ese momento, la única mujer en el país que lideraba una empresa de computadoras.[2] Berezin, que murió en 2018, fue pionera y figura clave en el movimiento que finalmente llevó a tener una computadora en cada escritorio y en cada hogar. «Sin la señora Berezin», dijo la escritora y empresaria británica Gwyn Headley, «no habría Bill Gates, Steve Jobs, ni Internet, ni procesadores de palabras, ni hojas de cálculo; nada que conecte remotamente los negocios con el siglo veintiuno».[3] La propia Berezin admitió que Headley exageró. «Habría sucedido sin importar qué», dijo, minimizando su contribución.[4] Pero tomo la historia de Berezin como un poderoso ejemplo del modo en que la visión puede inspirar.

Más importante aún para este asunto, también es un poderoso ejemplo de cómo sirve la visión para propósitos prácticos, cómo puede informar «el *proceso* para lograr un objetivo», tal cual lo expresó Berezin. Si recuerdas el diferencial líder-gerente de la pregunta 1, muchos líderes priorizan la ejecución y ven la visión como secundaria. Pero la historia de Berezin muestra que la visión es esencial para guiar la ejecución significativa. Ella imaginó un producto y una compañía, luego ejecutó esa visión. La visión informó sus acciones. Sin la visión, no habría habido producto ni compañía.

Hasta cierto punto, eso es cierto para todos nosotros. Una visión clara y convincente guía nuestros pasos. Y al apuntar nuestros esfuerzos hacia un futuro inspirador, le damos significado y relevancia a nuestras tareas cotidianas.

Quiero abordar ese proceso en esta pregunta. ¿Es práctica tu visión? Hay muchas formas de tratarlo, pero quiero centrarme en solo dos consideraciones: tu plan y tu gente. Porque para que sea importante, el guion de tu visión debe desempeñar un papel significativo cuando se aplica al trabajo real de tu organización, sobre todo la estrategia y la contratación. Sabrás que el guion de tu visión es práctico si puedes trabajar para ello y contratar para ello.

Trabaja para tu visión

Michael Schrage, investigador de la escuela de administración MIT Sloan, se sentó a almorzar con el equipo de liderazgo del departamento de investigación y desarrollo (I&D) de un gigante tecnológico. El nuevo ejecutivo de la compañía tenía una visión audaz y estaba redirigiendo los recursos de la organización a esos fines, obligando al equipo de I&D a repensar cómo estaban trabajando. Así que pidieron el consejo de Schrage. Querían saber cómo responder. ¿En qué modo podrían mantener la innovación como una prioridad?

«Respondí sus preguntas obvias con las mías», relató Schrage. «¿Qué nuevas iniciativas innovadoras lanzaron y qué equipo dedicado organizaron para apoyar explícitamente los movimientos de alto perfil de su ejecutivo en pro de la diversificación?». La respuesta fue... ruido. «Con la excepción del brazo de riesgo de la empresa que busca algunas opciones de inicio externas, ningún grupo de laboratorio formal o informal estaba trabajando directamente en las prioridades recientemente declaradas de su ejecutivo».[5]

Veo desconexiones similares entre la visión y el trabajo diario todo el tiempo. Cuando examinamos la diferencia que establece la visión (pregunta 2), vimos los problemas creados por la falta de ella: no estar preparados para el futuro; perder oportunidades clave; perseguir demasiadas oportunidades; dar traspiés estratégicos; malgastar dinero, tiempo y talento; y abandonar prematuramente. Una visión poco práctica puede causar los mismos problemas. ¿Cómo?

La relación entre visión y estrategia. Imagina que estás sentado en una reunión de planificación estratégica. Tienes un guion de la visión, pero no lo consultas. Al contrario, comienzas con un análisis SWOT, examinando tus fortalezas, oportunidades, debilidades y amenazas. El análisis resultante estará medio cocinado en el mejor de los casos. La visión es un calificador para las cuatro categorías. Fuerte, débil, oportuno, amenazante ¿cómo? ¿En qué manera? ¿A qué efecto? ¿Para qué fines?

A menos que tu visión se tenga en cuenta en el análisis, tus respuestas no tendrán sentido. Pero aquí hay un corolario: a menos que tu visión sea lo suficientemente clara, es decir, suficientemente concreta y explícita, para ayudarte a evaluar tus fortalezas, oportunidades, debilidades y amenazas, no es lo suficientemente práctica como para ayudarte a planificar, lo que significa que tampoco tiene sentido. La estrategia sirve a la visión, pero solo una visión práctica puede servir a la estrategia.

La visión se refiere a dónde vas y la estrategia es el camino que planeas tomar. La visión viene primero, puesto que no hay camino sin un destino. Pero sin un camino, no hay progreso.

INTERACCIÓN DE MISIÓN, VISIÓN, ESTRATEGIA Y VALORES

El nombre	Define
Misión	quién eres
Visión	a dónde vas
Estrategia	cómo vas a llegar allí
Valores	el tipo de persona que eres en el camino

Por dicha, la visión práctica sugiere la estrategia. Una de las mejores ilustraciones que conozco de esto es la historia del escalador libre Tommy Caldwell. En 2008, Caldwell miró al otro lado del valle de Yosemite en la elevación de ochocientos metros de El Capitán. Ya lo había escalado unas sesenta veces, pero en esta ocasión se centró en el Muro del Amanecer. Lo describió como «el muro más grande, más empinado y vacío de El Capitán». Al reflexionar en el momento, dijo: «Su escarpada improbabilidad me fascinó».[6] Eso se parece al comienzo de una visión inspiradora, ¿te parece?

La visión práctica sugiere la estrategia.

El Muro del Amanecer fue escalado una vez antes en 1970. Pero el par de escaladores que lo hizo tuvo que usar pernos y cuerdas para sostenerse y elevarse en partes de la superficie rocosa sin rasgos característicos. A Caldwell no le sería muy fácil. Usaría cuerdas, pero solo para resguardarse en una caída. El resto del tiempo dependería solo de sus dedos y de las suelas de goma de sus zapatos.

La escalada fue un proceso largo, lo cual es realmente muy instructivo para los líderes guiados por la visión. En 2009, Caldwell comenzó a hacer rapel desde la parte superior para identificar posibles rutas por la pared. Él explicó: «Así es como resuelves el rompecabezas de una gran ruta despejada. Descubres un movimiento, vinculas una secuencia de ellos, luego conectas esas secuencias hasta llegar a un punto de parada lógico que marca el final de la pendiente». La ruta hasta el Muro del Amanecer tenía treinta y dos de esas pendientes individuales. Pronto, dijo, «tenía un macroconcepto de la línea, aunque todavía quedaran muchos signos de interrogación en el decisivo nivel de armarla».[7]

El proceso que Caldwell describe aquí es exactamente el que los líderes guiados por la visión emplean para ejecutarla. Comenzando con la visión y trabajando en retrospectiva, diseñamos una estrategia, luego establecemos objetivos y entonces los desglosamos en pasos significativos. Puedes escalar una montaña completa así. Mantén la vista en el pico, cada paso cuenta. Aquí es donde la estrategia a largo plazo y la productividad diaria se encuentran.

El vínculo entre la estrategia y la productividad. Incluso con visiones claras e inspiradoras, los líderes a menudo se ven abrumados por tareas cotidianas, rutinarias y fútiles e interrupciones constantes, sin mencionar las emergencias y las crisis ocasionales. Al escribir en *Harvard Business Review*, Heike Bruch y Sumantra Ghoshal señalan: «Los ejecutivos están bajo una presión extraordinaria con su desempeño, y tienen demasiado que hacer, incluso cuando trabajan doce horas al día. Pero el hecho es que muy pocos gerentes usan su tiempo de la manera más eficaz posible».[8]

En el mejor de los casos, esta «activa inacción», como la llaman, implica importantes tareas habituales para las cuales los gerentes y otros miembros del equipo son más apropiados. En el peor de los casos, es un «trabajo ilusorio» de poco valor, para utilizar un término acuñado por Brent Peterson y Gaylan Nielson.[9] Desconectados de nuestra visión, terminamos realizando tareas por hacerlas más que por hacerlas en pro de algo más grande y más importante. ¿Por qué escribes ese informe, te reúnes con esas personas, trabajas en ese proyecto o estableces ese plazo? Si no es para ayudarte a lograr tu visión, podrías estar perdiendo el tiempo.

La verdad es que hay, o al menos debería haber, una línea directa desde tu visión hasta tus tareas cotidianas. Al igual que con la secuencia de movimientos y lanzamientos de Caldwell, es la secuencia de los siguientes pasos, objetivos y estrategias lo que te lleva a la cima de tu montaña. Describo diferentes aspectos de este proceso en mis dos libros anteriores, *Tu mejor año* y *Libre para enfocarte*. El primero cubre la planificación anual; el segundo, la productividad diaria. Quiero combinarlos aquí y mostrar cómo funcionan juntos. Eso se reduce a cinco elementos:

1. **Guion de la visión.** El guion de la visión es la base de todo lo demás. Como ya hemos visto, es una imagen clara, inspiradora, práctica y atractiva de tu equipo, tus productos, tu *marketing* y tu impacto de tres a cinco años, aunque posiblemente más, en el futuro.

2. **Plan anual.** De esa visión surge el plan anual de este año. ¿Qué harás el próximo año para avanzar en tu visión? ¿Qué proyectos emprenderás que te han de acercar? ¿Qué iniciativas comenzarás o detendrás? ¿Qué productos crearás o retirarás? Cuanto más claro sea tu guion de la visión, más evidentes serán las respuestas a estas preguntas. En mi experiencia, los mejores planes anuales identifican de siete a diez objetivos clave que ayudan a los líderes a progresar en sus visiones.

3. **Metas trimestrales.** Si todas tus metas anuales se vencen al final del año, probablemente retrasarás el progreso entre tanto, y también abrumarás a tu equipo con actividades cercanas a la fecha límite. Lo que quieres es mantener el ritmo durante todo el

año lo mejor que puedas. Mira tu lista de objetivos anuales. Querrás perseguir de dos a tres por trimestre. Piensa en esto como tus tres grandes del trimestre: objetivos a corto plazo que pueden mantenerte enfocado e impulsar la productividad, en vez de promover la dilación y el agotamiento inevitables.[10]

4. **Objetivos semanales.** Para mantenerte en el objetivo de tus tres grandes del trimestre, necesitas unos tres grandes semanales, compuestos por tres logros semanales que moverán la aguja en tus objetivos principales (así como los proyectos clave). Recomiendo un proceso de revisión semanal en el que revises tus tres grandes del trimestre cada semana y decides cuáles son los tres próximos pasos a priorizar en la próxima semana. No significa que es todo lo que harás durante la semana, pero tus tres grandes semanales son los objetivos que importan más que cualquier otro.

5. **Tareas diarias.** Tus objetivos semanales apuntan entonces a tus tareas diarias. Recomiendo elegir solo tres tareas clave cada día: tus tres grandes diarias. No te preocupes si parece que son muy pocas. Confía en mí: se suman y te mantienen enfocado y en el camino correcto. Una vez que obtengas el enfoque que proviene de identificar tus tres grandes diarias todos los días, sabrás que —pese a lo que haya pasado—, lograste realizar tres tareas de alto nivel de influencia para ayudarte a alcanzar tus objetivos y, en última instancia, tu visión.

Vale la pena recordar que hay una diferencia entre nuestra visión y nuestro negocio habitual, entre las prioridades estratégicas y los proyectos normales. Ambas

VISUALIZA Y EJECUTA

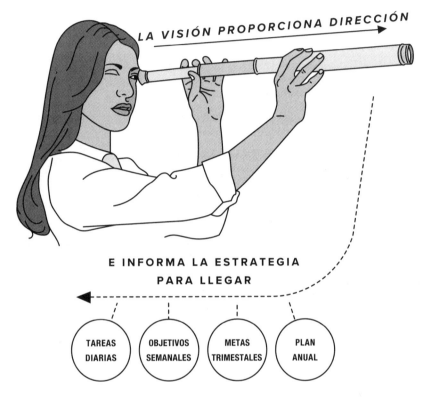

cosas son necesarias, pero cuanto más apremiante sea el proyecto —cuanto más envolventes sean los negocios como es usual— menos probabilidades hay de avanzar en las metas que impulsarán el progreso hacia tu visión. A menos que protejas deliberadamente entre el cuarenta al sesenta por ciento de tu tiempo, como líder, para enfocarte en la visión, corres el riesgo de no alcanzarla nunca.[11]

Los cinco elementos deben estar alineados. Comenzando de cero, si tus tareas diarias no respaldan los objetivos semanales, no alcanzarás tus objetivos trimestrales, lo que significa que perderás el plan anual y luego retrasarás el logro de tu visión. Si, por otro lado, tienes éxito en cada paso, tendrás un camino ascendente hacia la montaña, y cada pequeño paso resonará con significado e importancia. Por supuesto, eso no significa que sea un tiro directo. Casi nunca lo es.

Muchos caminos ascienden a la montaña. No importa cuánta intención y planificación emplees, surgirán problemas y obstáculos imprevistos que te obligarán a cambiar de estrategia. Caldwell se enfrentó a eso más de una vez en el Muro del Amanecer. Un obstáculo particular parecía intransitable, pero finalmente notó un modo de evitarlo. «La solución escapó a mi conocimiento porque era muy extraña», dijo.[12] Para que funcionara, tuvo que desplazarse sesenta metros fuera del camino para avanzar solo tres metros y medio hacia arriba. Pero funcionó.

Esa es una lección clave en lo que se refiere a la visión y su relación con la estrategia. Siempre hay más de una forma de llegar a tu destino. Si deseas un pastel, puedes (a) hornear uno tú mismo desde cero, (b) hornear uno a partir de una mezcla preparada o (c) comprar uno en una panadería. Cualquiera de los tres producirá un pastel. Me gusta usar la aplicación Waze cuando conduzco. Combina los medios más eficientes para llegar del punto A al punto B. Pero si esa ruta se congestiona o surge otra más eficiente, la aplicación me redirige. Lo importante aquí es que la visión es fija, pero las estrategias se adaptan según las circunstancias.

A veces, las estrategias, como las de Caldwell, varían drásticamente de cómo comenzaste. La disposición a experimentar con una diversidad de estrategias depende de cuán convincente encuentres la visión. Caldwell nunca se habría alejado cincuenta metros si no hubiera pensado que eso podría ayudarlo a llegar a la cima. Pero debido a que su ojo estaba en la visión, incluso esa ruta poco probable se convirtió en una posibilidad atractiva. Y resultó efectivo.

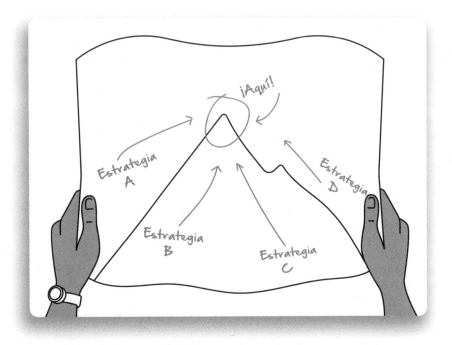

Siempre hay más de una forma de hacer realidad tu visión. Los líderes orientados por la visión reconocen que es el destino, no el camino, lo que cuenta.

La historia de *LEGO la película* ofrece un ejemplo comparable de una estrategia fuera del camino que tuvo éxito. Después de un intento decepcionante de hacer su propia película con un control creativo total: «era aburrida... no innovadora», admitió el presidente de LEGO, Jørgen Vig Knudstorp; ellos sabían que necesitaban un enfoque diferente.[13] Ceder el control creativo a los cineastas aseguraría que la nueva película fuera divertida, pero ¿y si no obtuvieran la marca? La nueva película podría afectar la imagen de la compañía y alienar a los fanáticos. Ese fue un obstáculo aparentemente fijo en el camino hacia la montaña. Pero al mantenerse conectado con la visión, surgió otro camino totalmente nuevo.

¿Qué quería LEGO? Crear una experiencia cinematográfica emocionante para los fanáticos y al mismo tiempo garantizar que se respetara la marca. De modo que LEGO decidió dar total control artístico a los cineastas con una condición notable. Los creadores tenían que sumergirse en la cultura de LEGO: pasar tiempo con los fanáticos más grandes de LEGO, asistir a convenciones y salir con empleados de LEGO. Ese movimiento, dicen los profesores de la Universidad de Toronto Jennifer Riel y Roger Martin, convirtió a los de afuera en los de adentro sin que LEGO fuera demasiado protector y se entrometiera en el proceso. Fue lo mejor de ambos mundos. Y *LEGO la película* fue un éxito fenomenal.[14]

El diferencial visión-estrategia. La compañía Embrace Innovations brinda otro ejemplo útil de un giro estratégico. A nivel mundial, uno de cada diez bebés nace prematuro. Dos de mis nietas nacieron prematuras. La menor nació a las veintisiete semanas y pesaba un poco más de medio kilogramo. La atención neonatal en el mundo desarrollado es muy avanzada, pero ese no es el caso en países subdesarrollados donde las posibilidades de los bebés prematuros son sombrías. De hecho, alrededor de un millón mueren cada año, a menudo porque no hay una forma confiable de mantenerlos tibios.

EL DIFERENCIAL VISIÓN-ESTRATEGIA

Visión	Estrategia
Qué	Cómo
Fin	Medios
Destino	Camino
Fijo	Flexible
Sagrado	Desechable
Singular	Plural

Esas cifras sorprendieron a la estudiante de posgrado en negocios de Stanford, Jane Chen, a quien en 2007 se le asignó junto con su equipo la tarea de crear una solución viable. Ella aceptó el desafío. «Ningún bebé debería morir de frío», dijo. Usando tecnología bastante avanzada, ella y su equipo desarrollaron Embrace Warmer, una incubadora superportátil que cuesta alrededor de doscientos dólares. Armada con su visión de salvar bebés y su notable producto, lanzó su compañía, Embrace Innovations, para que eso sucediera. Sin embargo, surgieron obstáculos rápidamente, sobre todo con los fondos. Por dicha, Chen —al fin— se dio cuenta de que había una mejor manera de subir la montaña que depender de donaciones y contratos gubernamentales. Creó una compañía con fines de lucro llamada Little Lotus, que vende pañales, sacos de dormir y mantas basados en la misma tecnología que Embrace Warmer. «Pensamos: "¿Qué pasaría si pudiéramos aprovechar nuestra tecnología y crear un producto para el mercado de los Estados Unidos?"», dice ella.

Chen construyó Little Lotus basado en el modelo de «compra uno, regala uno» popularizado por Toms Shoes. Comenzar una recaudación de fondos con fines de lucro para la organización sin fines de lucro fue una estrategia exitosa que ahora ayuda a financiar el trabajo en el extranjero. A partir de 2017, según un informe de Insights by Stanford Business, la empresa Embrace Innovations «ha salvado a más de 200.000 bebés prematuros y espera aumentar ese número a un millón».[15] La visión se mantuvo igual, pero la estrategia cambió.

Deberíamos esperar los cambios de estrategia, a menudo muchas veces, antes de llegar a nuestro destino. El mariscal de campo prusiano Helmuth von Moltke ofreció este consejo perteneciente al mundo de la planificación de guerras: «Ningún plan de operaciones se extiende con certeza más allá del

VISIÓN: PASTEL

Estrategia A:	Estrategia B:	Estrategia C:
Hazlo partiendo	Usa mezcla	Compra un pastel
de cero	preparada	hecho

Ampliemos la ilustración del pastel: imagina que tienes un cumpleaños que celebrar esta noche y decides hornear un pastel partiendo de cero. Pero cuando revisas la despensa, te das cuenta de que no tienes harina. No te preocupas. También hay una mezcla para pasteles en el estante de la despensa. Faltan unas horas para la fiesta cuando deslizas el molde con el pastel en el horno; tienes justo el tiempo que necesitas para terminar. Pero, entonces, ¡la electricidad falla! Afortunadamente, eres ingenioso. Todavía tienes opciones, incluida la panadería a la vuelta de la esquina. Si estuvieras totalmente comprometido con la primera o incluso la segunda estrategia, no lograrías tu visión. Los líderes guiados por la visión están comprometidos con sus visiones y cambian rápidamente de estrategia según lo requieran las circunstancias.

Deberíamos esperar los cambios de estrategia, a menudo muchas veces, antes de llegar a nuestro destino.

primer contacto con la fuerza hostil principal», dijo. «Solo el novato cree que puede ver en el curso de la campaña la consecuente ejecución de una idea original con todos los detalles pensados de antemano y cumplidos hasta el final».

Von Moltke continuó: «El comandante en jefe siempre tendrá presente su objetivo principal [la visión] y no se dejará influir por la capacidad de cambio de los acontecimientos. Sin embargo, la forma en que espera alcanzar ese objetivo [estrategia] no se puede establecer de antemano con ningún grado de certeza». Al contrario, dijo, los comandantes deben mantenerse comprometidos con su objetivo y usar su mejor juicio para reaccionar según sea necesario en el momento.[16]

Estamos en la misma situación. Nadie puede ver tres, cinco o diez años más adelante. No podemos ver un año más adelante. Ni siquiera podemos ver el mañana, si somos francos. Recuerda lo que dijimos en la pregunta 3: La visión no es profecía. Es una herramienta, no una línea temporal de sucesos inevitables. La única forma en que nuestra visión se hará realidad es manteniéndola a la vista y trabajando, a pesar de los obstáculos inevitables y los imprevistos, enfocados en la cumbre. (Más sobre eso, por cierto, en la pregunta 8).

Una visión práctica es lo suficientemente específica como para sugerir una estrategia, pero no tanto como para comprometerte con una estrategia en particular. Tu visión es sagrada, pero tus estrategias pueden cambiar según sea necesario. Me gusta la manera en que mi hija y directora de operaciones de nuestra compañía, Megan Hyatt Miller, lo expresa: «La forma de lograr nuestros objetivos es mantenerlos ceñidos y nuestras estrategias holgadas».[17]

Contrata para tu visión

A pesar de haber mapeado la ruta hasta el Muro del Amanecer, Caldwell al principio no lo intentó. ¿Por qué?

Parecía imposible, hasta que se encontró con otro escalador que captó su visión. Caldwell conoció a Kevin Jorgeson en 2009, que estaba convencido de que podrían lograrlo. Ahí nació una sociedad y los dos comenzaron a entrenar juntos, ensayar movimientos y desarrollar su fuerza y su resistencia. Después de varios intentos fallidos —«Si lo haces bien», dice Caldwell, «el fracaso se convierte en crecimiento»— comenzaron a subir la montaña el 27 de diciembre de 2014, los dos juntos.[18] La visión es un tipo de cosas *juntas*. Si tu sueño no requiere un equipo, es muy probable que estés soñando demasiado pequeño. Por eso, una visión práctica es buena para algo más que la planificación. También es buena para la gente, no solo para contratarlas, sino también para mantenerlas a bordo una vez que las consigues.

La autora Laurie Beth Jones considera que la visión es una herramienta de reclutamiento importante.[19] Eso es cierto en dos maneras. Primero, una visión convincente vende la empresa a los posibles empleados. Segundo, te ayuda a filtrar candidatos. Establece el estándar y aclara el tipo de empleado que mejor se adapta a tu equipo.

Venta de la empresa. El Informe Gallup 2016 titulado *Cómo quieren trabajar y vivir los mileniales,* descubrió que «solo el cuarenta por ciento de los empleados mileniales encuestados se sentían fuertemente conectados con la misión de su empresa».[20] Si tu fuerza laboral está desconectada de tu misión, si no se sienten animados y apasionados por la visión de tu empresa, tendrán pocos incentivos para hacer un esfuerzo adicional o permanecer contigo a lo largo del tiempo.

Jim Clifton, ejecutivo y presidente de Gallup, lo expresó de esta manera: «En los viejos tiempos, los de la generación de la posguerra (baby boomers) como yo, no necesaria-mente necesitaban significado en nuestros trabajos. Solo queríamos un cheque de pago: nuestra misión y propósito eran cien por ciento nuestras familias y comunidades. Para los mileniales, la compensación es importante y debe ser justa, pero ya no es lo que los impulsa».[21]

Este no es un punto insignificante. Hablando en términos proporcionales, los mileniales representan la generación más grande en la fuerza laboral de los Estados Unidos.[22] A partir de 2017, según el Centro de Investigación Pew, los mileniales (de 23 a 38 años) constituyen el treinta y cinco por ciento de la fuerza laboral estadounidense, eso es más que los Gen X (39–52) con treinta y tres por ciento, baby boomers (55-73) con veinticinco por ciento, y los posmileniales (18-22) con el cinco por ciento.

¿Cuál es, entonces, el motor número uno para los mile-niales? Encontrar significado y propósito en su trabajo. Gallup informa que los mileniales están buscando «tra-bajo que nutra su sentido de propósito y los haga sentir importantes».[23] Si están buscando significado y propósito en su trabajo, depende de ti ofrecerlo.

Hay mucho en lo que no estoy de acuerdo con Karl Marx, pero valoro sus ideas sobre la alienación de los tra-bajadores. Cuando las personas son valoradas principal-mente por su producción, se parecen más a las máquinas que a las personas, y los entornos de trabajo deshumani-zados crean relaciones transaccionales poco satisfactorias. Sin embargo, un guion de la visión convincente tiene el potencial de crear significado y emoción en nuestro traba-jo. Personas de todo tipo, no solo mileniales, tienen ham-bre de eso y estarán ansiosas por unirse a tu organización.

Por supuesto, con la afluencia de solicitantes, necesitarás una forma de separar lo mejor del resto. Afortunadamente, tu guion de la visión también puede ayudar con eso.

El filtrado de las contrataciones potenciales. Así como la visión propone una estrategia, también sugiere qué tipo de personas necesitas en tu equipo. Cada candidato a la contratación que entrevistamos pasa por una serie de entrevistas y evaluaciones. No solo buscamos una persona que encaje bien, sino también buscamos ver cómo esa persona contribuirá a nuestra cultura y los resultados deseados. Las culturas son como la química. Agregar y eliminar elementos puede cambiar la dinámica. Cuando agregas, debes asegurarte de no restar accidentalmente.

Debemos contemplar varios puntos de nuestro guion de la visión al considerar la personalidad, el carácter, el estilo de trabajo y las habilidades de los posibles empleados. Por ejemplo, el componente grupal de nuestro guion de la visión incluye lo siguiente:

- Mantenemos una cultura laboral que es divertida, tremendamente productiva y que respalda a plenitud nuestra misión y nuestros valores.

- Nuestros compañeros de equipo viven y respiran nuestra ideología esencial. Poseen un carácter impecable, un talento extraordinario y un historial probado. Son humildes, confiados y entusiasmados por servir a los demás. Son los mejores usuarios de nuestras herramientas, embajadores de nuestro mensaje y evangelistas de nuestra cultura.

- Nuestros empleados son libres de estar presentes para su familia durante las horas de trabajo para asistir a importantes funciones escolares, citas médicas y demás.

- Nuestros empleados tienen una autonomía razonable, planificando y ejecutando su propio trabajo, sin el impedimento de una gestión dominante, una burocracia rígida o una procesal. Fomentamos la innovación y la experimentación. Si algo no funciona, aprendemos de ello y seguimos adelante.

En el proceso de contratación, estos puntos nutren el contexto de nuestras conversaciones y evaluaciones. Nos ayudan a elaborar preguntas para la entrevista, leer al candidato y verificar nuestras impresiones. La visión se convierte en un punto de referencia. ¿Podemos ver a esta persona a la altura de la visión de nuestro equipo? ¿Tienen lo que se necesita para ayudarnos a lograr nuestros objetivos?

Hay pocas cosas más frustrantes que tener personas que amas en las posiciones equivocadas o, peor aún, en posiciones innecesarias. Se frustran ellos y tú también. El guion de la visión también puede ayudar con eso. Un candidato puede ser una excelente opción para la empresa, pero no es el adecuado para lo que requiere la visión. Tener en cuenta el guion de la visión puede evitar este problema desde el principio, apuntando a las personas correctas en la dirección correcta. También puede proporcionar claridad después del hecho y ayudarte a tomar decisiones difíciles si es necesario.

La calidad de filtrado de la visión es especialmente importante cuando tus informes directos u otros gerentes de departamento solicitan nuevas contrataciones. Sucede cada temporada de presupuesto, ¿no es así? Los líderes reciben solicitudes de contratación que, en lo individual, podrían tener sentido; pero colectivamente explotarían al personal y socavarían la rentabilidad. Es imposible (e imprudente) aprobar cada contratación. Por tanto, ¿cuáles logran la calificación? Deja que tu guion de la visión te diga dónde están las necesidades reales.

Las nuevas iniciativas pueden requerir nuevos talentos o demandar que el talento existente se mueva a nuevas posiciones. Debido a que el guion de la visión describe tu producto y mercadeo, también indica cuándo y qué puestos contratar. Si tienes la intención de aumentar tu participación en el mercado, lanzar un nuevo producto, comenzar una nueva división o lo que sea, tienes una idea anticipada sobre el tiempo y las prioridades. Tu visión se convierte en un factor clave en la contratación.

En última instancia, al considerar nuevas contrataciones intentas descubrir, primero, ¿abrazan tu visión? Segundo, ¿pueden ayudarte a alcanzar tu visión? No se trata de a quién encuentras agradable o simplemente de tener un cuerpo que caliente una silla. Si alguien no cumple estos dos requisitos, no es seleccionado. Lo último que puedes permitirte es contratar personas que, sin darte cuenta, socaven tu visión.

El compromiso con nuestra visión es una forma en que podemos ayudar a garantizar la diversidad en nuestros equipos también. Como dice el empresario Astro Teller: «Si quieres explorar cosas que no has explorado, la mejor manera no es tener personas que se parezcan a ti y piensen igual que tú».[24] De hecho, Scott Page demuestra en su libro *The Diversity Bonus* que lo opuesto es cierto.

Una variedad de disposiciones, antecedentes, habilidades y experiencias vitales mejora la capacidad de un equipo para resolver problemas. Eso significa que irás del punto A al punto B más rápido cuanto más diverso sea tu equipo. La amplia diversidad no solo refleja el mercado al que sirves, sino que también es la mejor manera de asegurarte de que tienes la inteligencia, las habilidades y la sensibilidad para consumar tu visión.

Al expresar tu deseo de tener un equipo diverso en tu guion de la visión, serás más consciente de en qué te quedas corto. También estarás más alerta ante las oportunidades de contratación que pueden hacer avanzar a tu organización.

El problema de la visibilidad

Después de diecinueve días de escalar y dormir en la pared rocosa suspendidos por cuerdas, Caldwell y Jorgeson llegaron a la cima del Muro del Amanecer. La estrategia correcta y las personas adecuadas se unieron para hacer algo que nunca antes había sucedido. Pero la visión fue el comienzo de todo, cuando Caldwell vio que el sol golpeaba al Muro del Amanecer y decidió que era la próxima gran escalada. A partir de ahí, la visión de Caldwell sustentó la estrategia y luego atrajo al compañero adecuado para hacer la escalada con él.

Eso es lo que hace que una visión sea práctica. Si se usa correctamente, un guion de la visión claro e inspirador se vuelve instrumental en su propio logro.

Por desdicha, ahí es donde ocurre el colapso para muchos líderes de hoy, incluido yo mismo en años anteriores. Mi entusiasmo por la visión significaba que mi equipo y yo a veces íbamos a un retiro de planificación y preparábamos un documento de visión enorme y hermoso. Cuando volvíamos, iba directamente a una carpeta gigante de tres anillos que se ajustaba a la perfección en un estante al lado de todas las versiones anteriores. Nadie los volvería a mirar. No creo que somos los únicos en eso.

Según una encuesta de Gallup realizada a más de tres mil trabajadores, solo cuatro de cada diez estaban totalmente de acuerdo en conocer el propósito de su organización y lo que la distinguía.[25] Ese es un problema real. Imagínate si Caldwell y Jorgeson estuvieran a mitad de camino de la pared, pero sin saber qué peñasco estaban ascendiendo o por qué. Si los de tu equipo no conocen tu visión, no pueden alinear su trabajo para ayudarte a llegar allí. Profundizaremos en esto a continuación, en la pregunta 7, pero el punto principal a destacar aquí es que la relevancia estratégica de tu visión es real solo si es visible. La gente tiene que ver lo que tú, como líder guiado por la visión, ves. Una visión invisible no tiene sentido. Como líder, debes encarnar la visión y discutirla normalmente. Es tu trabajo asegurarte de que esté en el aire.

Una forma de garantizar que tu gente vea lo que tú ves es mediante una revisión periódica en toda la empresa. En Michael Hyatt & Co., hacemos esto para todos nuestros empleados y sus cónyuges en nuestro retiro anual. Lo hacemos más a menudo con nuestros equipos de liderazgo y los ejecutivos.

Sin embargo, la forma más efectiva de mantener tu visión a la vista es trabajar el proceso ya descrito en este capítulo. La línea directa desde la visión hasta las tareas diarias es el modo más esencial de visibilidad porque se implementa y refuerza todos los días. Y hay alegría a medida que se marcan las tareas, se alcanzan los objetivos, se logran las metas y se cumple el plan, lo que hace que la visión esté un paso más cerca de la consumación. Es lo que Evelyn Berezin pensaba cuando dijo: «El *proceso* de lograr un objetivo es un placer duradero».

Por supuesto, antes de llegar allí, debes enrolar a tu equipo y a otros en tu visión. La prueba de fuego en cualquier visión es si puedes venderla. Esto incluye vender arriba, abajo, a través de, dentro y fuera de tu organización. Exploraremos ese desafío en la siguiente pregunta.

¿Puedes venderla?

Enrola a tu equipo

Vender un sueño significa transformar una visión
—es decir, una idea que aún no es perceptible para
la mayoría de las personas— en una causa y lograr
que las personas la compartan.

GUY KAWASAKI[1]

Montgomery Ward fue el minorista más grande del mundo en el siglo diecinueve. Toda una hazaña, considerando que no tenían tiendas minoristas. Como compañía de pedidos por correo, Montgomery Ward vendía su mercancía exclusivamente a través de catálogos masivos, era la Internet de su época. Luego, en 1886, un agente ferroviario que vendía relojes como pasatiempo lanzó su propio negocio de venta por correo. ¿Su nombre? Richard Sears. En pocos años, gracias a los precios más bajos, el negocio de catálogos de Sears superó a Montgomery Ward.

Para mantener el ritmo, Montgomery Ward contrató a Robert E. Wood en 1919 para que fuera su gerente general de mercadería. Wood se había destacado en un papel similar mientras trabajaba como el hombre número dos en la construcción del Canal de Panamá. Esperaban que pudiera aumentar la rentabilidad de Montgomery Ward y competir con los precios de Sears. Tuvo éxito en ese trabajo. Pero Wood era más que un gerente. Era un líder guiado por la visión.

Wood avizoró el futuro y —con el Ford Modelo T impulsando la revolución automovilística junto con la Ley Federal de Carreteras de 1921— sintió que los cambios significativos en los hábitos de compra de los consumidores estaban en el horizonte. El cambio de población de la vida rural a la urbana ofreció más evidencia para apoyar esa evaluación. En 1920, por primera vez, más estadounidenses eligieron la vida urbana en lugar de la rural, una medida que transformó la industria minorista.[2]

En 1922, convencido de que la movilidad recién descubierta acabaría con el negocio de pedidos por correo, Wood imaginó un futuro en el que las tiendas minoristas atenderían a la mayoría de sus clientes. Wood le presentó esa visión al presidente de Montgomery Ward, Theodore Merseles. Presionó a Merseles para que dejara las ventas por catálogo por un modelo de tienda detallista. Merseles se negó. Por dos años, Wood tomó como su misión personal hacer que Merseles considerara al menos probar con la venta minorista, pero este no le compraba la idea.

Sin embargo, Wood encontró un comprador para su visión. Sears lo contrató y probó la idea de la tienda. Wood abrió la primera tienda de prueba el 2 de febrero de 1925, solo tres meses después de unirse a la empresa. Abrieron siete tiendas más antes del final del primer año de Wood. Impulsado por su éxito en Sears, Montgomery Ward finalmente consiguió la imagen y entró en el campo en 1926.

El concepto de tiendas minoristas de Sears se hizo popular y, en menos de una década, con Wood ahora ascendido a presidente, Sears abrió 374 tiendas en todo el país. Todo un logro, dado que estaban haciendo el negocio a medida que avanzaban. Cuando comenzó, nadie en la compañía sabía lo primero sobre administrar tiendas minoristas. Treinta años después de que Wood llegara a Sears, los ingresos habían aumentado de doscientos millones de dólares a casi tres mil millones.[3]

La prueba más segura de tu visión es si puedes venderla a cuatro partes interesadas clave: tu equipo inmediato, el liderazgo de la organización (si eres el presidente, esto podría incluir tu junta directiva o los inversores), al resto de la empresa en la cadena y en toda la organización. Dependiendo de cómo esté conectada tu empresa, también puedes optar por vender tu visión fuera de la empresa a los observadores en los medios.

Como lo descubrió Wood, los líderes guiados por la visión participan algo en el movimiento. Hemos escrito una visión clara de nuestra realidad futura, una lo suficientemente grande como para inspirar a otros, una que también genere suficiente incertidumbre para respirar profundamente como si estuviéramos en una piscina llena de agua helada y, sin embargo, tenemos que venderla al equipo con absoluta confianza. Y tienen que comprar.

«Encontrarás que es necesario dejar lo que es cómodo y familiar para aceptar lo que es incómodo y desconocido», dice Andy Stanley. «Y, todo el tiempo, te atormentará el temor de que esa cosa en la que estás invirtiendo tanto de ti mismo no funcione en absoluto».[4] ¿Luce divertido? Eso es solo parte del ejercicio al crear y vender una visión convincente.

No obstante, esto es parte esencial del proceso. No ventas, no hay progreso. Entonces, ¿puedes vender tu guion de la visión? Ahora que has concebido el sueño, es hora de pensar en reclutar a otros. Analizaremos esta tarea crucial en varias relaciones diferentes: primero, tu equipo directo; segundo, tu jefe (o tu junta directiva); tercero, la compañía en general; y cuarto, fuera de la empresa si es necesario.

Vender a los de adentro

Supongamos que has escrito el guion de tu visión. Te has asegurado de que sea claro, inspirador y práctico. Pero en esta etapa, como he mencionado, no estás descendiendo del Sinaí con las tablas de la ley. Tu visión aún está en un primer borrador, capaz de cambiar y mejorar.

Y eso es una ventaja. Invita a los principales interesados a ser parte de los cambios. No solo obtendrás aportes vitales para mejorar tu visión, sino que las personas estarán más dispuestas a apoyar a lo que le han dado forma. «La mejor visión», como dice el exejecutivo y consultor Dan Ciampa, «vendrá de un enfoque disciplinado e interactivo que le permita al líder controlar cómo se elabora la imagen, al tiempo que garantiza que otros que necesitan estar alineados se sientan dueños».[5]

Creo que es mejor comenzar con tus informes directos. En este punto, quieres ser colaborativo, no dictatorial. «He pasado un tiempo reflexionando sobre cómo mejorar nuestro destino futuro», puedes comenzar. «No se trata de lo que voy a lograr. Más bien, esto es lo que creo que podríamos hacer conjuntamente con todo el talento en esta sala. Necesito y acojo con beneplácito su aporte». Deseas su aporte y validación sí, pero lo más importante: deseas inscribirlos en un viaje que van a emprender juntos.

Me gusta pensar que esta discusión interna aborda tres desafíos interrelacionados: cambio, personal y comentarios.

1. El desafío del cambio. La mayoría de los guiones de la visión requieren cambios en la forma en que harás negocios, lo que algunos miembros del equipo aceptarán y otros resistirán. Un poco de amor cambia. Ellos siempre están listos para una aventura. Disfrutan de la variedad y no temen sacudir la bola de nieve. Se apresuran a ver la necesidad y los beneficios del cambio para obtener la victoria. Otros valoran mucho la previsibilidad y la certeza. No mecen el bote y por lo general se ponen nerviosos cuando otros lo hacen. Están contentos o al menos satisfechos con el *status quo* y podrían sentirse amenazados por las implicaciones de tu visión. Al igual que los líderes y los gerentes, ambos tipos de empleados son necesarios. Necesitas personas que puedan manejar el barco mientras que otros hacen cambios. El objetivo de la venta no es cambiar a las personas, sino encontrar áreas en común. Ya tienes suficientes áreas de cambios para administrar como para añadir eso al saco.

Me gusta comenzar con aquellos a quienes no les gusta el cambio. El objetivo es hacer que se sientan validados, ayudándoles a comprender que hay un papel importante para que continúen realizando ciertos aspectos de lo que han estado haciendo. De modo que, cuando despliegas tu visión, es importante decir: «Esto es lo que *no* va a cambiar». Y decirlo con esas mismas palabras. Tu visión debe ser clara y también el lenguaje que la acompaña. Como dijo Beau Lotto, debes hablar «en blanco y negro».[6] Esto les proporciona a los buscadores de certeza de tu equipo algo a lo cual aferrarse durante los cambios que estás proponiendo.

2. El desafío del personal. La descripción del trabajo y la seguridad laboral juegan un papel importante cuando se habla de una nueva visión. Tu equipo inmediato quiere saber: ¿va a cambiar mi trabajo? ¿Va a cambiar mi compensación? ¿Va a cambiar mi posición? Si puedes decir esto legítimamente, asegúrales: «Visualizamos un lugar para cada uno de ustedes en este nuevo plan para el futuro». Es útil explicar exactamente qué cambiará y qué permanecerá igual. Pero también tenemos que ser realistas.

La persona que quieren ser en el futuro necesita expandirse y crecer porque la compañía está en una posición diferente. Cuando compartí mi visión acerca de Nelson Books con mi equipo, lo expresé de esta manera: «En verdad, queremos crear un futuro para ti, pero tienes que decidir si quieres ser parte de ese futuro de crecimiento». Si dices algo en este sentido, la implicación es que, si no quieres crecer con la visión, vamos a encontrar a alguien que lo haga. Así de comprometidos estamos.

En mi experiencia, los líderes se aferran a las personas demasiado tiempo. Construimos relaciones con nuestro equipo, por lo que es difícil reconocer las bifurcaciones en el camino. Este desafío se vuelve más difícil sin una visión. Y lo contrario también es cierto: cuanto más claro seas respecto a tu visión, más fácil será detectar quién ayudará y quién obstaculizará tu progreso. Un guion de la visión es más que un filtro para la contratación (pregunta 6); también es un filtro para la retención. Tu trabajo como líder guiado por la visión es ayudar a tu equipo a crecer en su trabajo o encontrar uno más adecuado para su talento y temperamento.

Es probable que hayas escuchado que todos están sintonizados en la estación de radio WII-FM: ¿Qué

> Cuanto más claro seas respecto a tu visión, más fácil será detectar quién ayudará y quién obstaculizará tu progreso.

hay para mí? *Si voy a emprender este viaje contigo*, piensan ellos, ¿qué significa eso para mí? ¿Qué es lo favorable para mí? Ellos necesitan saber por qué esta nueva visión será buena para ellos y por qué deberían interesarse. Ganar más dinero para la empresa no es una motivación ganadora en sí misma. Tampoco te ayuda a tener éxito. ¿Por qué debería importarles?

Así fue como lo abordé en Thomas Nelson. Me di cuenta de que no habíamos recibido un bono en varios años. Parte de mi visión era que todos ganáramos uno. También noté que todos en mi división estaban agotados y con exceso de trabajo. Entonces, expliqué que éramos la división de mejor desempeño en nuestra compañía porque agregamos autores más vendidos a nuestra lista, pero ahora íbamos a reducirla a la mitad, lo cual haría menos agotador el trabajo. Dicho de otra manera: «Con esta nueva visión, volverás a amar tu trabajo». Lo mejor de todo es que tendrían el potencial de ganar más dinero a través de nuestro programa de bonos.

3. El desafío de la retroalimentación. Una de las principales razones por las que los líderes no reciben con agrado los comentarios constructivos es que no tenemos la mentalidad adecuada para hacerlo. Vivimos demasiado acelerados. Vivimos con esa mentalidad turboalimentada e impulsada por la eficiencia. Entramos en una reunión y se trata de tomar decisiones u obtener el resultado deseado. Entra, sal y pasa a lo siguiente. ¡No cometas ese error!

Ve más despacio. La retroalimentación es demasiado importante para pasarla por alto o apresurarse. La retroalimentación del equipo puede ayudarte a evaluar y mejorar tu visión. Recuerda, te estás reuniendo con humanos que tienen perspectivas, antecedentes, conocimientos y enfoques de resolución de problemas únicos. Ellos ven las cosas de manera diferente a la tuya y tú necesitas eso. ¡Por eso los contrataste! Cuando pidas sus comentarios, debes detenerte, retroceder y distanciarte emocionalmente para poder escuchar sus respuestas. ¿Por qué? Porque a veces no te va a gustar lo que escuches.

No te pongas a la defensiva. «Sé rápido para escuchar, lento para hablar», como dijo Santiago hace un par de milenios.[7] Si no tienes cuidado, los harás retroceder un paso con más fuerza, lo que desanimará a todos los demás. Saldrás de la sala pensando erróneamente que tienes el compromiso del equipo cuando, en realidad, habrás perdido una oportunidad clave para afinar la propuesta y ganar su apoyo. Como dijo Andy Stanley, «los líderes que se niegan a escuchar al fin estarán rodeados de personas que no tienen nada importante que decir».[8] Y tú no quieres eso.

Vende a tus pares

Esto significará cosas que dependen de tu punto de partida. Si eres un líder divisional, la cadena de venta puede incluir a tu vicepresidente o al equipo ejecutivo. Si eres el presidente, la cadena incluiría a tu junta directiva.

Como lo descubrió Wood en Montgomery Ward, a veces los guardianes del *status quo* pueden resistir tu visión de manera aparente e indiferente, cualquiera sea tu punto de partida. Estas tácticas incluyen la muerte lenta de mil hojas de cálculo, solicitudes de recálculos, pruebas de grupos focales, lanzamientos múltiples y casos de negocios. A veces te quedas atascado con un jefe que simplemente no puede ni tomará la iniciativa de un nuevo proyecto, nunca.

Una vez trabajé para un hombre así. Le presentaba una solicitud con toda la documentación de respaldo. Sin embargo, me pedía que la volviera a ejecutar. Siempre, quería que se volviera a ejecutar una y otra vez. Era un círculo sin fin. Nunca lograba que actuara o hiciera algo. Cuando por fin daba su aprobación, la oportunidad estaba perdida y, como siempre, me culparía por perderla. Era completamente desalentador.

Una cosa que todos los jefes tienen en común es la aversión a la sorpresa. Ya sea que se trate de un jefe difícil o uno excepcional, lo último que quieres hacer es pescarlos desprevenidos. Tu supervisor inmediato necesita escuchar tu

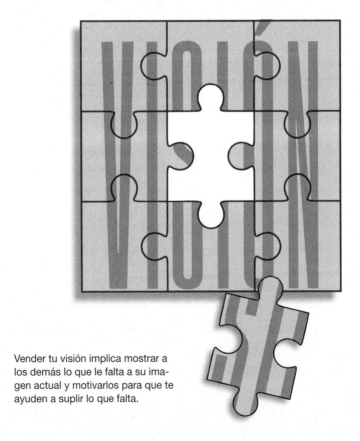

Vender tu visión implica mostrar a los demás lo que le falta a su imagen actual y motivarlos para que te ayuden a suplir lo que falta.

visión directamente de ti, no de alguien con quien se encuentre en el pasillo. Tampoco quieren que descubran su visión por primera vez en presencia de todos los demás, especialmente de las personas a las que intentan liderar. Si avergüenzas a tu jefe o lo atrapas fuera de base, pierdes. Cuando vas a venderles, el tiempo lo es todo. Dado que has invertido varios días en elaborar el guion de tu visión y has hablado sobre ello con tu equipo, no querrás estar apresurado cuando se lo presentes a tu jefe. También querrás programar el momento oportuno en el que tu jefe sea más receptivo. Conoces muy bien a tu jefe o a tu junta. No te metas anticipadamente en un atolladero que podrías haber evitado con facilidad si fueras más deliberado.

¿Qué pasa con el campo en sí mismo? Hay cinco pasos que he utilizado con éxito durante mis más de cuarenta años en el negocio. Los trato aquí en el contexto de la venta en cadena, pero tienen implicaciones para vender a través de tus organizaciones e incluso fuera de ella.

1. Comprométete con el éxito. Cuando yo tenía un jefe, aplicaba una regla básica: no hacer un movimiento, al menos que estuviera seguro de que iba a golpear la pelota. El objetivo aquí no era evitar el riesgo, sino asegurarme de que estaba completamente comprometido a llegar al plato. Te animo a que hagas lo mismo. No hagas el lanzamiento a menos que tengas la intención de hacer la venta. Tu credibilidad está en juego: con tu jefe, tus compañeros y tus reportes directos.

Solía trabajar para un tipo que no podía venderle nada a su jefe (y que luego fue mi jefe). Esto fue desafortunado para mí, porque mis propuestas a menudo excedían su límite de aprobación. Luego tenía que llevar mi propuesta a su jefe para su aprobación. Al principio, aprobó con entusiasmo mis propuestas y prometió obtener la aprobación de su jefe. Sin embargo, casi siempre, regresaba con el rabo entre las piernas, murmurando sobre lo irracional que era su jefe. Al fin, comenzó a posponer la consulta a su jefe. Sabía que sería rechazado y no quería parecer impotente ante mí. Como resultado, mis propuestas envejecerían en su escritorio, esperando una aprobación que nunca llegaría. Después de unos seis meses de ese comportamiento, su jefe sintió mi frustración. Luego me pidió que comenzara a reportarle directo a él.

> Escoge tus batallas y prepárate bien.

Francamente, de acuerdo a los comentarios de mi jefe anterior, temía informar al gran jefe. Había asumido que era un tirano irrazonable y caprichoso. Sin embargo, me pareció que era exactamente lo contrario. Era un gran oyente y sinceramente quería ayudarme. Tomaba decisiones rápidas y nunca impedía mi progreso. Trabajé para él por tres años. Mi capacidad para tomar decisiones rápidas para él mejoró mi credibilidad, tanto con él como con los que me reportaban directamente. Sabían que podían contar conmigo para obtener las aprobaciones que necesitaban con el fin de lograr sus objetivos, y los míos, de manera oportuna. Mi jefe ineficaz nunca hizo eso, lo que fue su pérdida.

La clave aquí es elegir tus batallas y prepararte bien. Al fin, desarrollarás la reputación de que haces las cosas bien. Esa reputación realmente hará posible que tu jefe apruebe tus proyectos antes de decir una sola palabra. Pensarán: *si Sally recomienda esto, vale la pena considerarlo seriamente. Puedo estar seguro de que ella lo pensó y formuló las preguntas difíciles.*

2. *Entiende al cliente.* La primera y más importante clave para lograr el sí es centrarte en las necesidades de tu jefe o de la junta, no en las tuyas. Ellos escuchan la misma estación de radio que el resto de nosotros, y la canción que oyen tiene solo dos versos:

- Logra tu propia visión y tus objetivos para la organización
- Hazlo mientras mejoras la capacidad y otros patrones de éxito

Si ellos pueden tararear tu visión, tienes su atención. Si no, es probable que estés muerto antes de comenzar. Entonces, antes de programar un momento para presentar tu propuesta, responde la siguiente pregunta: ¿Cómo va a ayudar a mi jefe —el guion de la visión— a alcanzar sus objetivos? Si no puedes responder esa pregunta, no estás listo para hacer el lanzamiento.

Por ejemplo, cuando era ejecutivo de operaciones, uno de mis vicepresidentes quería agregar dos diseñadores gráficos a su unidad editorial. Con el salario, los beneficios y otros gastos generales, eso costaría alrededor de 100.000 dólares al año. Sin embargo, en vez de hacer el acercamiento con eso, me dijo: «Jefe, le tengo buenas noticias. Descubrí una forma de ahorrarle a la compañía 100.000 dólares al año». Para mí, eso se tradujo en ganancias adicionales, por lo que me interesó de inmediato escuchar su propuesta.

Luego explicó cómo estábamos gastando alrededor de 200.000 dólares al año subcontratando diseños de portadas para una categoría particular de libros. Me convenció de que podríamos reducir nuestros gastos a la mitad si integrábamos esa función a la empresa. Fue muy convincente porque me demostró cómo podía satisfacer su propuesta mis necesidades.

3. Piensa en tu presentación. En mi experiencia, la razón principal por la que las personas no obtienen una respuesta afirmativa de sus jefes es porque no han hecho su tarea. Simplemente no han pensado cuándo y cómo presentar su «pedido». Como resultado, su enfoque está lleno de agujeros. Cada uno de esos agujeros le brinda una salida fácil al jefe y un rápido no para ti.

Para evitar un rechazo y asegurar tu aprobación, debes ensayar tu presentación y cubrir todas tus bases en el orden correcto. Primero, comienza con la conclusión. Es mucho más fácil para tu jefe concentrarse si sabe por adelantado lo que quieres. Eso evita que se pregunte a dónde irás con tu presentación.

En segundo lugar, proporciona los antecedentes. Sé breve. Proporciona solo los antecedentes necesarios para que puedan tomar una decisión inteligente. Un párrafo es suficiente. Mantente enfocado y sigue moviéndote.

Tercero, proporciona la razón fundamental. Haz una lista de tres a cinco razones clave por las cuales tu jefe debe aceptar tu recomendación. Eso debería incluir tanto el por qué deberían aprobarlo como las consecuencias de no aprobarlo.

Cuarto, establece un horario. Indica cuándo implementarás la propuesta si se aprueba. Si la implementación se realiza en segmentos o fases, describe brevemente los eventos clave. No prometas mucho ni te excedas en las fechas de entrega esperadas.

Quinto, indica el impacto financiero. Muestra esto como el costo o la inversión necesaria y el retorno de la inversión. Sé claro. Proyecta lo justo. No minimices los costos ni exageres los beneficios.

4. *Anticipa las objeciones.* Aquí es donde la batalla se gana o se pierde. Por desdicha, es un paso que la mayoría de las personas evaden para su propio perjuicio. Dedicar treinta minutos a trabajar en este aspecto de tu propuesta es la mejor inversión que podrías hacer para obtener la aprobación. Piensa en cada pregunta u objeción que tu jefe pueda hacerte. Tu trabajo en el paso 3 lo facilitará. No te arriesgues a obtener un no porque no has pensado cuidadosamente en las preguntas y posibles objeciones. Juega a hacer el abogado del diablo. Enumera las posibles preguntas y objeciones, y luego las respuestas para cada una. No te vuelvas loco. Unos pocos puntos deberían ser suficientes para cada objeción. Solía escribir esto en un documento separado que llevaba a las reuniones con mi jefe. Lo guardaba en mi carpeta para referencia.

5. *Lanza.* Ahora, finalmente, estás listo para vender. En primer lugar, mantén el contacto visual. Todos los documentos que coloques frente al jefe o la junta están destinados a ser una lista de «puntos de conversación» más que una narración. En este punto debes estar lo suficientemente familiarizado con el guion de la visión como para poder concentrarte y palpar el pulso de la reunión.

Esto es Principios básicos de venta, pero mantente alerta a las señales. ¿Parece aburrido tu jefe? Agarra el ritmo. ¿Tienen alguna pregunta? Deja de hablar y permite que pregunten. Sugerencia: Si tu jefe te involucra en una discusión, ¡eso es bueno! Significa que está interesado. ¿Está distraído? Permítele volver a enfocarse o reprograma la cita. Lo último que quieres hacer es seguir adelante, ajeno a las reacciones de la persona que estás tratando de persuadir.

Cuando llegues al final de tu presentación, repite tu recomendación y solicita una decisión. Esto no es puramente informativo. Pregunta por el sí que quieres escuchar. Entonces, y esto es crucial, cállate. Dale a tu jefe la oportunidad de decir que sí. Esto puede hacerte sentir incómodo, pero créeme, disminuirás tus posibilidades de éxito si lanzas más de lo necesario. A veces, tu jefe solo necesita sentarse ahí y absorber tu tono. Resiste la tentación de llenar el vacío con palabras.

Un punto relacionado: Saber cuándo has terminado. Si tu jefe aprueba tu recomendación, agradécele; eso es todo. No puedo decirte cuántas veces he visto a una persona con autoridad aprobar algo y luego ver al presentador proceder a deshacer la venta. Por tanto, cuando el jefe diga que sí, agradécele por su decisión de acoger tu visión, recoge tus pertenencias y sal de la habitación. Si no puedes irte, al menos cambia de tema. No vuelvas a abrir un exitoso capítulo cerrado.

Ventas horizontales

Cuando presentes tu visión a tus compañeros y colegas de la organización, hazlo en privado antes de mostrarla a los de la cadena descendente. Escucha y habla activamente sobre cualquier pregunta o inquietud que puedan tener. Esto te brindará una oportunidad de oro para evaluar la reacción de ellos y aclarar cualquier temor que puedan tener. En este punto, también puedes obtener ideas que te ayudarán a presentar la visión de una manera más efectiva a la junta directiva e incluso refinarla aún más.

Empieza por crear una lista de las partes interesadas influyentes, determina con quién te comunicarás primero y luego haz visitas o llamadas en silencio antes de la implementación más amplia. Esto incluye líderes divisionales o departamentales, cualquier persona con responsabilidad de supervisión. Asegúrate de dar tiempo a tus líderes clave para procesar el cambio que estás solicitando, brindar información y trabajar para lograr los acuerdos.

Es posible que no siempre puedas llegar a un acuerdo, pero puedes alinearte. Las personas pueden estar en desacuerdo con la dirección que estás tomando. Pero si sienten que han sido escuchados y considerados, generalmente se alinearán con la decisión y la respaldarán cuando lo requieras. La alineación significa que nadie cuestiona públicamente la decisión o el proceso a medida que lo implementas. Si se desarrolla una nueva inquietud, te la devolverán a ti o al grupo para que la considere.

Ventas abajo

Los líderes enfrentan muchos problemas, pero la comunicación deficiente en toda la empresa es un inconveniente que a menudo crean para sí mismos.

De hecho, según una encuesta de Harris, nueve de cada diez empleados dicen que sabotea el éxito de los ejecutivos.[9] El mismo estudio encontró que el segundo aspecto de mayor problema para los líderes era la falta de una dirección clara. Creo que esto probablemente se aplica en todos los ámbitos, desde proyectar una visión y reforzar la misión y los valores centrales, hasta las operaciones diarias.

Lo entiendo. A veces, como líderes, creemos que hemos dicho lo que hay que decir. En realidad, estamos preocupados por la comunicación excesiva. No queremos sonar como un disco rayado. De vuelta a Thomas Nelson, cuando hablamos de nuestra visión a nivel de toda la empresa, sentía que repetía mucho. Comencé a temer que estaba agotando a la gente repitiendo las mismas cosas una y otra vez.

Le expresé mi preocupación a una consultora. Pero ella dijo que no. «Cuando te cansas de escucharte a ti mismo y crees que todo el mundo está empezando a molestarse», dijo, «estás casi a mitad de camino». Fue una idea importante. Lo que es claro para nosotros es a menudo confuso para los demás. Nuestro trabajo es brindar definición a través de la repetición. La verdad es que no puedes comunicar demasiado tu visión a la organización. Es imposible. La gente no puede leer tu mente. Todos lo sabemos. Pero la mayoría lo olvidamos. Cuando obligamos a las personas a adivinar lo que buscamos, ampliamos el margen de error y malentendido. Necesitas poner lo que tienes en tu mente en la de tus compañeros de equipo. Eso solo viene con la comunicación.

La gente olvida y se desvía del rumbo. No importa cuán claras sean tus estrategias y tus tácticas para ti, los demás lo olvidarán. La economía de la distracción en la que trabajamos exacerba este problema. Como líderes, podemos hacer cosas para combatirlo, y debemos hacerlo. Pero también compensamos comunicando continuamente lo que es importante para nuestros equipos. Andy Stanley, a veces, lo dice de esta manera: la visión se filtra. Las personas de su organización perderán de vista la visión que comunicó hace días, semanas o meses. Nadie lo retiene todo. La comunicación constante ayuda a las personas a aferrarse a lo que más importa.

Por último, algunas personas probablemente no hayan comprado la visión para empezar. El hecho de que las personas trabajen para ti no significa que estén de acuerdo con la dirección que deseas tomar para la organización. Si te tomas en serio los resultados, deberás poner al día a esas personas o dejarlas ir.

La comunicación en torno a la visión es un factor crítico en la alineación del equipo en torno al guion de tu visión. Y la alineación del equipo es un factor crítico para alcanzar los objetivos de la organización. Puesto que la filtración de la visión es una realidad, lo único que mantiene viva tu visión son tus palabras. Así como debes regar continuamente una planta para que pueda crecer y prosperar, tú, como líder, sostendrás el crecimiento y la vitalidad de tu organización repitiendo la visión una y otra vez.

Ventas externas

Cuando me uní a Thomas Nelson, las comunicaciones con la mayoría de nuestro personal no estaban donde debían. Había un chiste en el momento que era demasiado preciso. Si trabajabas en nuestra editorial y querías saber qué vendría después, solo tendrías que averiguarlo leyendo el *Tennessean*.

Sinceramente, nuestro presidente no se llevaba bien con el reportero de la página comercial, que irrumpía con una historia tras otra antes de que aquel informara a sus propios empleados. Cuando me encargué de la empresa, adopté un enfoque diferente. Invité a ese reportero a almorzar y establecí una relación de trabajo con él. Fue un buen paso, pero eso fue solo una pequeña parte de lo que cambié.

Me di cuenta de que la razón por la cual la compañía era tan propensa a las filtraciones era que, en vez de un flujo de información, lo que habíamos creado era un vacío, marcado solo por cambios inesperados. No podíamos solucionar el problema tapando las filtraciones o congelando a los periodistas. Lo que realmente necesitábamos era una estrategia comunicacional completamente nueva. Eso fue especialmente cierto cuando hubo grandes cambios involucrados. En cualquier cambio importante se encontraban fugas, conmoción y reacción violenta. Me pareció que había una manera de evitar todo eso.

Había cinco pasos que necesitábamos hacer bien al impulsar nuevas iniciativas si queríamos progresar realmente como empresa. Estos cinco pasos todavía son aplicables para cualquier líder que esté impulsando un cambio organizacional importante.

Primero, *descubre lo que quieres decir.* Sé claro en tu mensaje. Articula lo que estás haciendo, por qué lo estás haciendo y las implicaciones para tu empresa y tus clientes.

Segundo, *una vez que hayas decidido el mensaje, escríbelo.* Siempre empiezo escribiendo un comunicado de prensa. También necesitarás puntos de conversación con el fin de prepararte para hablar públicamente sobre el cambio. Piensa en titulares, fragmentos de sonido y declaraciones simples y claras. También inicia una sección de preguntas y respuestas y actualízalo a medida que surjan las preguntas.

Tercero, *contacta a los interesados externos influyentes.* Vale la pena ponerse en contacto personalmente con personas importantes seleccionadas fuera de la organización. Esto puede incluir importantes inversores si es una empresa privada, clientes clave, proveedores, autores, agentes, colaboradores, donantes, etc. Por razones obvias, querrás hacer esas conexiones antes de hacerlo público. Puedes hacer esto antes, durante o después de actualizar tu equipo del cambio, pero debería ser en un par de horas como máximo.

Cuarto, *anuncia el cambio a través de la prensa y las redes sociales.* Envía un comunicado de prensa y usa las redes sociales. Si has hecho tu trabajo, eso no será una novedad para quienes se preocupan más. Ya habrán escuchado de ti o de tus colegas personalmente. También es una buena idea monitorear activamente las respuestas de las redes sociales para que sepas lo que la gente dice sobre tus cambios. No tengas miedo de interrumpir en la

Así como debes regar continuamente una planta para que pueda crecer y prosperar, tú, como líder, sostendrás el crecimiento y la vitalidad de tu organización repitiendo la visión una y otra vez.

mitad de una conversación y corregir respetuosamente la narración si es necesario.

Quinto, *predisponte para responder preguntas.* En términos generales, es una mala idea esconderse de los medios. Mi oficina responde a cada una de sus consultas. Hacemos nuestro mejor esfuerzo para responder todas las preguntas, aunque tengamos que admitir que no tenemos la respuesta, o no podemos comentar.

En mi experiencia, los medios casi siempre son respetuosos si se sienten respetados. Eso significa ser receptivo y franco y tal vez desarrollar una relación con reporteros e influenciadores clave. Recuerda, si tienes una relación con las personas, es más probable que te den el beneficio de la duda si la comunicación se confunde, a pesar de tus mejores esfuerzos.

Respeta el pasado

Una última reflexión antes de dejar este tema de vender al equipo en el sueño. Recibí un excelente consejo cuando asumí el cargo de ejecutivo de Thomas Nelson: «Siempre respete el pasado porque todo lo que está actualmente establecido se fijó como una solución a un problema peor». La visión, la misión y la estrategia existentes pueden ser defectuosas, pero no sabes qué reemplazaron, y lo que existe puede ser mucho mejor que lo que tenían antes de tu llegada.

Algunos líderes, impresionados por el entusiasmo y la audacia de su visión, desprecian el pasado. Ese tipo de líderes a menudo son libres con su opinión, independientemente de a quién humillen o ridiculicen. Es mejor decir: «Lo que hemos estado haciendo hasta ahora ha funcionado. Me pregunto si hay otro medio por ahí con el que podamos dar un paso más allá, tal como lo hizo la última vez que introdujo el actual».

Uno de los desafíos al tratar de introducir cambios sin dar a las personas ese contexto con el pasado es que les roba la oportunidad de evaluar. Si pueden ver cómo ganaron la última vez que hubo un cambio, pueden pensar: *oh, puedo vernos haciendo eso otra vez*. Esto ayuda a mitigar su miedo a un nuevo cambio de dirección, y nadie siente que debe defender el pasado porque no lo estás menospreciando. Estás haciendo lo contrario. Estás estimando el pasado.

Y con eso también estás preparando la mesa para una consideración firme del futuro basada en el hecho de que estás viviendo en un momento diferente, con distintas condiciones de mercado, nuevas tecnologías y herramientas a tu disposición, y más datos históricos para extraer mientras buscas lograr una visión refinada del futuro. Entonces, ¿puedes vender tu visión?

Un líder guiado por la visión ganará el apoyo de su equipo cuando lidere con respeto y humildad. Y el liderazgo efectivo vende su visión apelando tanto al interés noble como al diario de las partes interesadas clave.

Ahora, a pesar de tus mejores esfuerzos para respetar el pasado y vender tus equipos, tienes la seguridad de enfrentar resistencia, porque como descubrí, la resistencia es parte de la realización de cualquier visión. El líder guiado por la visión acepta ese hecho como parte del viaje en su camino hacia el futuro deseado. Pero no solo tienen que darse la vuelta ante obstáculos, decepciones, errores de cálculo u otras barreras. Puedes tener un plan para superar los obstáculos que encuentres. Te guiaré por esos pasos en la siguiente pregunta.

TERCERA PARTE

EL DESAFÍO VENIDERO

Imposible es solo una gran palabra
lanzada por hombres pequeños a
quienes les resulta más fácil vivir
en el mundo que se les ha otorgado,
que explorar el poder que tienen para
cambiarlo.

AIMEE LEHTO

El plan es el generador... ¡Tanto peor
para quienes carecen de imaginación!

LE CORBUSIER

Las mejores ideas no son aceptadas
instantáneamente. Incluso el helado y
el semáforo tardaron años en hacerse
populares. Es por eso que las mejores
ideas requieren un cambio significativo.
Hacen caso omiso al status quo, y la
inercia es una fuerza poderosa.

SETH GODIN

¿Cómo deberías enfrentar la resistencia?

Trata con los obstáculos

Todos tienen un plan hasta que reciben un golpe
en la cara.

MIKE TYSON[1]

El 27 de enero de 1967, los ojos del mundo vieron a tres estadounidenses sentarse en la nave espacial más sofisticada de la tierra: el Módulo de Comando Apolo 1. Diseñado como un ejercicio de entrenamiento previo al primer lanzamiento lunar tripulado que se realizaría el mes siguiente, un ensayo general exitoso era vital para mantener el apretado horario. El equipo de la NASA sabía que había mucho en juego. El reloj estaba corriendo.

La presión radicaba en cumplir con la visión del presidente Kennedy de «aterrizar un hombre en la luna y devolverlo a salvo a la tierra» antes del final de la década. El desafío de JFK fue audaz y, a la vez, lleno de peligro. Los astronautas necesitaban viajar más de 400.000 kilómetros en ocho días, hacer un aterrizaje preciso sobre el sustrato desconocido de la luna, iniciar un lanzamiento de vuelta al espacio, navegar de regreso a la Tierra y volver a entrar en nuestra atmósfera sin que el fuego los consumiera.

La misión Apolo 1 sobrepasó los límites existentes de lo que hasta entonces se conocía sobre los viajes espaciales. Antes de ese audaz disparo lunar, Estados Unidos había realizado con éxito solo un vuelo espacial tripulado, un viaje suborbital de quince minutos. Aunque la cápsula espacial Mercury demostró que el hombre podía continuar siendo funcional mientras viajaba a una velocidad de casi 7 mach, su altitud máxima era de solo 185 kilómetros; la nave espacial nunca abandonó la atmósfera exterior de la Tierra.[2]

Desde ese modesto comienzo, los científicos e ingenieros de la NASA tuvieron que asociarse con más de 20.000 proveedores y universidades externas para obtener un soporte tecnológico adicional. Después de todo, su potencia informática era extraordinariamente rudimentaria para los estándares de hoy. «El software que controla lo que sucede cuando se mueve el ratón en su computadora... requiere más memoria que todas las supercomputadoras que la NASA reunió para el Apolo», reflexionó un programador.[3] O lo que es lo mismo: su teléfono inteligente tiene más potencia informática y de memoria que lo que la NASA tuvo para poner a un hombre en el espacio. Según un informe, «las limitaciones tecnológicas eran tan numerosas y los cálculos tan complejos que lo mejor que los ingenieros podían esperar era acercarse lo más posible a la certeza».[4]

Cuando se enfrentaron a los contratiempos tecnológicos y de diseño, a los obstáculos y la resistencia, las palabras de JFK resonaron en los pasillos de la NASA: «Decidimos ir a la luna en esta década... no porque [sea] fácil, sino porque [es] difícil, puesto que ese objetivo servirá para organizar y medir lo mejor de nuestras energías y habilidades, dado que ese desafío es uno que estamos dispuestos a aceptar, uno que no estamos dispuestos a posponer y uno que pretendemos ganar».[5]

Kennedy ofreció al país una visión clara, inspiradora y práctica. Y nosotros la aceptamos. Pero a pesar de años de cuidadosos cálculos, de localización y solución a meticulosos problemas, avances tecnológicos, interminables representaciones computarizadas, meses de prácticas en el simulador y los esfuerzos combinados de más de 300.000 empleados y contratistas de la NASA, el ejercicio previo al vuelo del Apolo 1 terminó en un desastre.

Después de ingresar a la nave espacial, los astronautas Gus Grissom, Ed White y Roger Chaffee sellaron la escotilla. Mientras repasaban la lista de verificación, una chispa eléctrica encendió el aire de la cabina, rico en oxígeno, y la envolvió en llamas. Sesenta segundos después, los tres astronautas murieron por asfixia.

El fatal incendio casi puso fin al programa espacial. La investigación posterior sobre la tragedia por parte de la NASA y el Congreso puso en espera el programa espacial durante la mayor parte del año.

Hay pocas constantes en la vida y la resistencia es una de ellas. No hay visiones libres de fricción. Solo los mejores se enfrentan a las dificultades, a los errores de cálculo, a los contratiempos, las decepciones y a otras barreras para alcanzar el éxito. La pregunta es, ¿en qué modo respondes como líder guiado por la visión? ¿Cómo debes enfrentar la resistencia? Antes de compartir tres características esenciales para responder de manera efectiva, quiero explorar la naturaleza de la resistencia misma y dar a conocer varios ejemplos. En ocasiones, la resistencia es ambiental, otras es social y aun otras es psicológica.

Condiciones sobre el terreno

La resistencia ambiental es a menudo la más obvia de ver y es fácil de entender. Como señala el director ejecutivo de Menlo Innovations, Richard Sheridan, las organizaciones están optimizadas para los negocios como de costumbre.[6] Intentar realizar algo nuevo crea ineficiencias automáticas. La reasignación de talento, el cambio de cargas laborales y la gestión de asignaciones presupuestarias muy reducidas (o ninguna) son solo el comienzo de varios desafíos.

Idealmente, desearíamos trabajar en tareas en las que nos sentimos más apasionados y más competentes. Si has leído mi libro *Libre para enfocarte*, sabes que esa es la zona de deseo, que es donde normalmente hacemos nuestras contribuciones más valiosas a nuestras organizaciones. Pero cualquier cosa puede pasar cuando intentamos poner en marcha nuevas iniciativas. Los líderes, por lo regular, asumen tareas en las que no se sienten apasionados ni competentes porque a veces son las únicas personas en el equipo capaces o libres de comenzar el proyecto. Por ejemplo, el lanzamiento del *Planificador de enfoque total* (Full Focus Planner) requería que los miembros de nuestro equipo ejecutivo negociaran con impresores, centros de distribución e incluso que manejaran parte del diseño. ¿Fue eficiente? No. Pero fue efectivo. ¿Podríamos tener personal para ello? Tal vez. Pero era mejor probar la idea antes de comenzar a contratar, y eso requería que el equipo ejecutivo se involucrara a nivel personal, al menos por un tiempo.

Más allá de desafíos organizativos y estructurales similares, la resistencia ambiental también toma la forma de limitaciones económicas y tecnológicas:

- Cuando el presidente Kennedy explicó su visión sobre el viaje a la luna, la NASA tenía más barreras logísticas que soluciones. La NASA carecía de potencia informática para realizar complejos cálculos matemáticos (una escena reveladora en Apolo 13, protagonizada por Tom Hanks, que ocurre cuando los ingenieros de la NASA sacan a relucir sus reglas de cálculo para resolver la crisis que se está desarrollando en el espacio). Ellos no conocían la condición de la superficie lunar para propósitos de aterrizaje y movilidad de los astronautas. Tampoco sabían cómo se manejaría su nave en condiciones lunares.[7]

- Cuando Evelyn Berezin concibió la programación de su procesador de textos, Data Secretary, nadie lo había hecho antes (pregunta 6). Ella sabía que podía manejar la programación. Pero había pocas fuentes para que los microprocesadores ejecutaran su programa. Pensó que tenía el proveedor adecuado, una pequeña empresa llamada Intel. Por desdicha, resultó que no estaban equipados para hacer los chips que ella necesitaba. Así que Berezin tuvo que cambiar de rumbo y encontrar otro proveedor.[8]

- Tim Cook se convirtió en director ejecutivo de Apple en agosto de 2011. En lugar de tener rienda suelta para construir su propia visión de la organización, se vio obligado a entrar en la gestión de crisis tan solo seis meses después de haber comenzado a trabajar. Las imágenes revelaron condiciones de trabajo preocupantes en el mayor fabricante de Apple en China, además de las manifestaciones realizadas por trabajadores con salarios bajos. Cook contrató a un auditor independiente que le recomendó las 360 «medidas correctivas» referentes a las condiciones, el pago y la seguridad.[9] Soluciones importantes, pero no era lo que planeaba hacer de inmediato.

• La visión de Garrett Camp y Travis Kalanick de vincular a los conductores con los pasajeros (Uber) requería un software de programación con potencia industrial y una aplicación que no existía. Pero, podría decirse que su mayor desafío fue crear el «posicionamiento mental» apropiado dentro de la mente del conductor. Solicitar a un taxi utilizando una aplicación era una idea extraña; los clientes potenciales no tenían ni idea de cómo funcionaría la experiencia. Un popular meme en los medios sociales lo resumía de la siguiente manera:

> 1998: no subas a un auto con desconocidos.
>
> 2008: no conozcas solo a personas de Internet.
>
> 2019: Uber: pide un desconocido de Internet subir a un auto solo.

• Sony lanzó su lector de libros electrónicos en 2006. Al observar sus especificaciones de alta tecnología y su elegante forma, un observador lo comparó con el Lamborghini de los lectores electrónicos. Pero un gran producto no lo es todo. Sony dependía de las editoriales para resolver los problemas contractuales con los autores cuyos acuerdos fueron elaborados en la era predigital. Entre tanto, las editoriales se sentían inquietas por la seguridad de su propiedad intelectual en la plataforma de Sony. Mientras Sony luchaba por resolver estos problemas, Amazon ingresó al mercado con el Kindle, resolvió los mismos problemas mejor y más rápido, aprovechó su gran público comprador de libros y eclipsó a su competidor con una experiencia superior para el usuario.[10]

Hay infinitas manifestaciones de resistencia ambiental como esta. Los empresarios se quedan sin dinero. Experimentan retrasos en la producción. Los costes se disparan. Las campañas de *marketing* fracasan. No pueden hacer que un producto funcione según lo prometido. De nuevo, como dijo Alan Kay, «la mejor manera de predecir el futuro es inventarlo», pero innovar puede ser pedregoso. Algunos líderes superan la resistencia ambiental y sus visiones prosperan. Otros no logran hacerlo, y sus visiones mueren, como sucedió con el Sony Reader.

Sin embargo, tal resistencia es también predecible, aun cuando los problemas específicos permanezcan ocultos hasta que surjan. Lo mismo ocurre con la resistencia social y psicológica. Las dificultades difieren, pero esos desafíos también son predecibles.

No, nosotros no nos lavaremos las manos

El doctor Ignaz Semmelweis, un obstetra húngaro, llegó al aclamado Hospital General de Viena en 1846. Se alarmó al conocer la tasa de mortalidad de las pacientes de maternidad. Casi un tercio de sus pacientes murieron de «fiebre puerperal», también conocida como fiebre infantil.[11] Eso no solo ocurrió en Viena. Durante los siglos dieciocho y diecinueve, la fiebre infantil causó medio millón de muertes en Inglaterra y Gales.[12]

Semmelweis estaba decidido a encontrar la razón subyacente de la enfermedad. Empezó observando que las mujeres atendidas por parteras sobrevivieron en una tasa mucho más alta que las auxiliadas por médicos. Más tarde señaló que los médicos comenzaban su día «realizando autopsias con las manos desnudas a las mujeres que habían muerto el día anterior de fiebre infantil. Luego se dirigían a las salas de maternidad para examinar a las que estaban a punto de dar a luz a sus bebés».[13] ¡Qué! ¿Acaso no sabían acerca de los gérmenes? Aún no, no lo sabían. Semmelweis concluyó que las partículas del cadáver transferidas a las madres sanas provocaban su contaminación mortal e instituyó una innovación radical: lavarse las manos. Insistió en que sus médicos se lavaran las manos con una solución de cal clorada «hasta que el olor de los cuerpos putrefactos que diseccionaron en la sala de autopsias ya no fuera detectable».[14] Los resultados fueron inmediatos y dramáticos, reduciendo la tasa de mortalidad en la sala dirigida por médicos a una menor que la tasa en la sala de parteras.

En lugar de elogiar el avance que ayudó a salvar vidas, el superior de Semmelweis, Johann Klein, se opuso activamente al lavado de manos.[15] Pero Semmelweis no se dejó intimidar. El 15 de mayo de 1850, se dirigió a una reunión de colegas médicos para compartir su hipótesis y hallazgos personales. Al igual que Klein, el público se indignó con su teoría y ridiculizó su insistencia en lavarse las manos.

Semmelweis enfrentó a sus críticos con mucha determinación, a veces hasta llamándolos «asesinos irresponsables». Pero cuanto más pugnaz se volvía, más se excluía el «salvador de las madres» de la comunidad médica. Lo trágico es que fue, literalmente, expulsado de la ciudad. Idearon y ejecutaron un complot para que lo enviaran a un manicomio, donde los guardias del lugar lo golpearon y murió dos semanas después.[16]

En su lecho de muerte, el médico de cuarenta y siete años reflexionó sobre su sueño aún por realizar: «Cuando reflexiono en el pasado, solo puedo disipar la tristeza que me invade mirar ese feliz futuro cuando [la fiebre infantil] será desterrada».[17] Ese día feliz llegó años después de su muerte. En la actualidad, ha sido aclamado como un genio y como el «padre del control de infecciones».[18] Pero su visión fue rechazada en su propio tiempo.

El reflejo de Semmelweis: externo e interno

La historia de Semmelweis nos ha dado el término «reflejo de Semmelweis» o el «efecto Semmelweis» para describir el fenómeno común de oponerse a una nueva visión o conocimiento pues arruina los argumentos de muchos. A diferencia de los factores ambientales que vimos anteriormente, este tipo de resistencia es social. Los médicos que rechazaron la opinión de Semmelweis, por ejemplo, no podían aceptar la idea de que sus manos curativas estuvieran causando la muerte de aquellas madres, por lo que no estaban dispuestos a escuchar sus recomendaciones.

Los líderes guiados por la visión normalmente tratan con alguna versión del reflejo de Semmelweis. Cuanto más desafiante es la visión, más pronunciado es el reflejo. El reflejo podría suceder en público, como en la ocasión cuando Apple anunció el iPhone, en el 2007, o cuando anunció el reloj Apple [Apple Watch] en el 2014. La respuesta temprana a ambos productos fue divisiva.[19]

Sin embargo, el reflejo también puede ocurrir dentro de una organización. En algunas organizaciones es constante, por lo que el líder o se cansa de la pelea y se marcha o es despedido. «Las organizaciones dicen que quieren progreso», afirman los autores Bill Jerome y Curtis Powell, «pero realmente no quieren cambiar».[20]

Los líderes guiados por la visión aportan energía, innovación y crecimiento, pero también cuestionan el *status quo* y desafía supuestos clave. Esto puede crear inestabilidad e incertidumbre para colegas y jefes reacios al cambio. Es por eso que los agentes de cambio no siempre son apreciados. Como lo mencionan Jerome y Powell: «Su pasión no siempre es bienvenida, comprendida o sufrida. A cambio de su persistencia por mejorar, son recompensados con etiquetas como "disruptivo", "no cooperador", "intolerante" e "insensible"».[21]

Ya sea fuera o dentro de una organización, esta versión del reflejo es externa. Pero hay otra versión más perniciosa, esta es cuando el reflejo yace en nuestra propia mente. Esta es la manifestación psicológica de la resistencia. Y también es predecible. Al prepararte para compartir el argumento de tu visión con tu organización, espera algo de resistencia interna a ella.

Podemos ser nuestros peores enemigos cuando de eso se trata. ¿Cómo? Al permitir dudas en nuestro pensamiento, ansiedad por el resultado o miedo al rechazo, lo cual evitará que vendamos nuestra visión con confianza. Te preguntarás: *¿es esta visión demasiado radical para que mi equipo la acepte?* O *¿es la visión lo suficientemente grandiosa como para inspirar la participación?* O, *¿qué pasa con aquellos que resisten los cambios necesarios?* O, *¿fracasaremos mientras implementamos la visión?* O, *¿cómo encontraremos los recursos para lograr esto?* En medio de esos cuestionamientos, podemos experimentar nuestro propio reflejo y apagar la visión.

Lo entiendo. La mayoría de los líderes sinceros también lo harán. Este tema surge cada vez que enseño a propietarios y ejecutivos de negocios. Si pregunto cuántas personas en la sala sienten que se están apresurando —es solo cuestión de tiempo antes de que alguien descubra que no saben lo que están haciendo— y pido que alcen las manos, es algo notable. Tres cuartos de la habitación reconocen el sentimiento. Cuando trabajas y juegas al límite de tus habilidades, es fácil sentirlo. Al mismo tiempo, trabajar y jugar al límite de las capacidades

Cuando te golpeas contra la pared, cuando sientes la **resistencia**, la respuesta es recordar lo que está al **otro lado** de ella y por qué es **importante** para ti.

de uno es exactamente la razón por la cual la mayoría de las personas con las manos en alto son también líderes exitosos. Por tanto, ¿qué pasa si no permitimos que todas esas dudas y creencias limitantes tengan la última palabra? Dado que tu visión es la instantánea de un nuevo y más brillante futuro, ¿no vale la pena superar los obstáculos que nuestra resistencia interna y nuestro miedo arrojan en nuestro camino? Nosotros, como líderes guiados por la visión, podemos aprovechar nuestra fuerza interior para liderar con coraje y confianza a pesar de la resistencia.

Ya sea que se trate de un reflejo externo o interno, la clave es mantenerse conectado con tu por qué. He estado enseñando esta táctica durante años porque es esencial para cualquier visión. Cuando te golpeas contra la pared, cuando sientes la resistencia, la respuesta es recordar lo que está al otro lado de ella y por qué es importante para ti. Si estás iniciando un nuevo negocio, salvando uno ya existente, trayendo un nuevo producto al mercado, lo que sea, tenemos que permanecer conectados a esa visión como si fuera nuestro generador de energía personal.

También es importante mantener las emociones negativas a distancia. Cuando la resistencia asoma su fea cabeza, el problema no son los hechos de la situación, sino cómo respondemos emocionalmente a ellos. Si bien debemos mantenernos conectados en lo emocional con nuestro por qué, no podemos permitir que las emociones negativas nos inunden. Podemos experimentar miedo, duda y desilusión, pero no podemos dejar que dicten nuestras acciones. Podemos reconocerlas por lo que son y negarnos a permitir que nos controlen, y así seguir avanzando.

Tres rasgos que vencen a la resistencia

He identificado tres rasgos esenciales que puedes aprovechar cuando la resistencia amenaza con frustrar tu visión:

tenacidad frente al rechazo, integridad cuando se es probado mediante un compromiso ético y coraje frente a conformarse con menos que el éxito.

1. Tenacidad. Con excepción de los boxeadores, nadie recibe un puñetazo en la cara tanto como los creativos, por ejemplo, artistas, autores, compositores y pintores. Por haber estado en ambas caras de la moneda, puedo decir que el rechazo es parte del proceso creativo. En lugar de abandonar sus esfuerzos, los creativos exitosos siguen asistiendo a su trabajo. Exhiben una perseverancia extraordinaria cuando son golpeados por los inevitables golpes del rechazo. Caminemos unos pasos con sus zapatos. Sus experiencias pueden instruir a los líderes guiados por la visión que, de la misma manera, soportarán una resistencia absoluta al futuro que imaginan y proponen. Los creativos empiezan con una visión de lo que podría ser. Se imaginan historias, canciones y artes gráficas, y poseen el poder de cautivar nuestra imaginación, de movernos emocionalmente e incluso motivar alguna acción social y política. Ven una realidad que no existe todavía. Y harán grandes esfuerzos, haciendo importantes sacrificios personales, para dar vida a esas ideas.

Después de pasar días o meses enfrentando dudas en sí mismos, generalmente trabajando de forma aislada, emergen con la esperanza de que su creación encuentre una audiencia. Si se trata de una canción, tocan su melodía para los promotores o editores de música con la esperanza de que presenten su música a un artista que, a su vez, con suerte la ponga en su próximo disco. Si se trata de un libro, enviarán por correo electrónico una propuesta de la obra y unos capítulos de muestra (en algunos casos, un manuscrito completo) a los agentes literarios para que sean sus representantes o directamente a las casas editoriales. Si se trata de una pintura, pueden buscar una galería con la esperanza de exhibirla. Y luego esperan. Se pasean. Algunos oran. Cualquiera sea el resultado, los creativos crean. Siguen adelante. Aunque, la mayoría de las veces, sus sueños se encuentren con malas noticias. A veces hay un leve rayo de esperanza desde un nivel inicial de interés, pero por muchas razones, las cosas no dan resultado. «Lo siento, me encantó tu canción, pero no saldrá en el álbum». O bien: «Tu libro, aunque intrigante para mí, no tuvo impacto ante el consejo editorial». O: «No hay espacio en la galería, después de todo».

Cuando Herman Melville presentó su manuscrito con un antagonista poco convencional, la editorial Bentley & Son lo rechazó de inmediato. Se refirieron cruelmente «al deterioro visual que podía generar la longitud del manuscrito» y, estrujando el corazón de la historia, dijeron: «Primero, debemos preguntarnos: ¿tiene que ser una ballena? Si bien esta es una trama bastante encantadora, también es algo esotérica, recomendamos un antagonista con un rostro más popular entre los lectores más jóvenes».

¿Descartar la ballena en *Moby Dick*? ¿Para qué? Prepárate. «Por ejemplo», dijeron, «¿no podría el capitán estar luchando con una depravación hacia jóvenes doncellas, quizás algo voluptuosas? Estamos seguros de que su gran amigo y excelente autor, Nathaniel Hawthorne, sería de mucha ayuda en este asunto. El señor Hawthorne tiene mucha experiencia introduciendo un delicado seno repleto de ardientes secretos en la literatura popular».[22] En serio.

Todos los creativos dignos de mención, prácticamente, han vivido el golpe desmoralizador del rechazo. Al igual que cuando se recibe un puñetazo en la cara, pueden tambalearse, luego recomponerse y seguir a otro asalto. O pueden tirar la toalla. La tenacidad de Melville prevaleció. Persiguió a los editores de Bentley hasta que finalmente publicaron *Moby Dick*, sin voluptuosas doncellas.

«Si nadie ofrece [un contrato para el libro] dentro de tres años», dijo una vez Mark Twain, «el candidato puede considerar esto como la señal de que estaba destinado a aserrar madera».[23] Me alegra que John Grisham no le haya prestado atención. Después de escribir su primera novela, *Tiempo de matar*, presentó algunos capítulos de muestra y una carta de consulta a varias docenas de editores y agentes literarios, sesenta en total.

Su buzón rebosaba de rechazos, cuarenta en total. Imagina cómo se sintió ante esa constante oleada de rechazos. Nadie le daba ni la hora. Y luego, alguien mordió el anzuelo. Llegó a un pequeño negocio y el editor imprimió cinco mil copias. Hoy, con más de 300 millones de unidades impresas, estoy convencido de que Grisham se alegra de nunca haber cambiado su visión por ir a cortar madera.[24] «Nunca pensé en renunciar», dijo Grisham. «Mi actitud era: "Qué más da, divirtámonos un poco"». Francamente, creo que se lo habría enviado a varios cientos de personas antes de siquiera haber pensado en renunciar».[25]

No estoy ni cerca de estar en el mismo nivel que Grisham o Melville, pero tengo mi propia historia de rechazo que agregar. Pasé la mayor parte de un año elaborando dolorosamente mi primer libro, forzando mi escritura hasta altas horas de la noche y fines de semana. Cuando finalmente llegó el momento de solicitar un editor, salí de mi cueva literaria sintiéndome triunfante. En ese momento, tuve una nueva apreciación por las palabras inscritas en la pared de un monasterio: «El libro está terminado.

Dejen que el escritor se divierta».[26] Envié el manuscrito con gran expectación, sintiéndome como un niño en la mañana de Navidad listo para abrir los regalos. Pero no. Mi libro «primogénito» fue fácilmente rechazado por una editorial tras otra. Sus cartas rechazando mi trabajo eran como si alguien dijera que mi bebé era feo. Seguí adelante. En el transcurso de varios meses, más de treinta editores respondieron con un gran no. Hasta que uno finalmente dijo que sí.

¿Sabes qué? No mucho después de que fuera publicado, recibí una llamada de mi editor contándome que ¡mi libro había llegado a la lista del *New York Times*! Ahora, eso fue más que increíble. Lo mejor de todo fue que, a pesar de la montaña inicial de rechazos de todas las editoriales que no aceptaron mi visión, mi libro permaneció en la lista del *New York Times* durante veintiocho semanas.

Nada de eso habría sucedido si no hubiera mantenido el curso con un firme entendimiento de la visión que tenía para mi libro. Sin la tenacidad y el compromiso férreo de lo que había imaginado, podría haber tirado la toalla. ¿Quién podría haberme culpado, verdad? Los «profesionales» habían hablado. Primero diez, luego veinte, luego treinta editoriales, como jueces en un concurso de talentos, me dieron el gong y me enviaron a empacar.

Como líder guiado por la visión, probablemente puedas sentirte identificado.

Afortunadamente, la tenacidad puede fortalecerte mientras trabajas a través de la resistencia. Como los autores citados anteriormente pueden dar fe, la recompensa vale la pena. ¿Qué podría perder el mundo si no ves tu visión a través de los inevitables obstáculos y el rechazo que seguramente encontrarás?

2. Integridad. Poco después de desplegar mi visión en cuanto a dar un giro a Nelson Books, recibí algunas noticias que amenazaban con que fracasaríamos en el intento. Tuvimos un buen comienzo, pero luego un amigo me llamó y mencionó que uno de nuestros principales autores defendía puntos de vista divergentes de las corrientes tradicionales del cristianismo. A algunos de ustedes les puede parecer algo irrelevante, pero siendo Thomas Nelson una editorial cristiana, eso fue un gran problema.

> ¿Qué podría perder el mundo si no ves tu visión a través de los inevitables obstáculos y el rechazo que seguramente encontrarás?

Al principio, lo descarté. Pero en los próximos días, escuché reportes similares de otras personas. Finalmente visité el sitio web de la autora para confirmar los hechos por mí mismo. Algo de lo que leí no pasó la prueba de olfateo. Pero, negándome a sacar conclusiones precipitadas, solicité la ayuda de dos teólogos que respetaba para asegurarme de que no estaba malinterpretando nada. No. Corroboraron mis peores temores. «Esto es un problema serio», me aseguraron ambos.

Eso no hubiera sido tan malo, excepto por el hecho que habíamos pagado una enorme suma de dinero por el próximo libro de la autora. Acabábamos de enviar las páginas finales de su manuscrito a la impresora y esperábamos que fuera nuestro gran libro del año. Francamente, dada la condición financiera de nuestra división, necesitábamos que el libro tuviera éxito en gran manera. Contaba con ese nuevo lanzamiento para que nos diera el impulso que necesitábamos.

Decidí discutir el tema directamente con la autora. Supuse que sus errores no fueron intencionales. Después de todo, no era como que fuera una teóloga entrenada. Esperaba llevarla a mi posición. Pero ella no cedió. En el transcurso de una reunión de dos horas, ella me predicó sin parar, indignada por haberla desafiado y firme en que todos los demás, incluidos prácticamente todos los cristianos desde el Primer Concilio Ecuménico en el año 325 d. C., estaban errados sobre este tema.

Por dicha, mi jefe me acompañó a la reunión. Escuchó cada palabra por sí mismo. Teníamos un problema. Si publicábamos el libro, tendríamos un conflicto con la gran mayoría del mercado cristiano. Peor aún, violaría nuestra integridad corporativa y mi propia conciencia. Por otro lado, si no lo publicábamos, perderíamos los ingresos previstos, los cuales eran enormes. También realizaríamos una enorme cancelación del anticipo de regalías que habíamos pagado y que no recuperaríamos.

Cuando volvimos a la oficina, mi jefe me pidió mi recomendación. Le dije que pensaba que debíamos detener la impresión (literalmente) y cancelar el libro. Conociendo las implicaciones de eso, se opuso. «Pero no hay nada en el libro que sea objetable», dijo. «¿Por qué no simplemente imprimimos su libro y no publicamos nada más de ella en el futuro?».

«Desearía que fuera tan fácil», dije. «El problema es que ella está enseñando esto públicamente. Si publicamos el libro, nos estaríamos alineando con ella y promoviendo indirectamente su mensaje». Sacudió la cabeza en desacuerdo y me dijo que lo pensara durante la noche.

Regresé a casa y le dije a Gail que pensaba que mi carrera como editor en Nelson Books, un trabajo que había tenido por menos de seis semanas, había terminado. Estaba des-animado y, francamente, desilusionado. Eso no era lo que había imaginado. Gail fue un gran apoyo. «No puedes violar tu conciencia», me dijo. «Confía en Dios, haz lo correcto y yo te apoyaré, independientemente de las consecuencias». A la mañana siguiente, nuevamente me reuní con mi jefe. «Mira», le dije, «no estoy tratando de lucirme aquí, pero no puedo publicar este libro. Confía en mí, entiendo las consecuencias financieras, y realmente odio la idea del impacto negativo financiero que esto tendrá en nosotros. Pero solo tendremos que aceptar las consecuencias. Si insistes en publicar el libro, tendré que renunciar. Es una cuestión de conciencia». Mi integridad estaba en juego.

No lo tomó bien. Me despidió de su oficina con un movimiento de su mano. Me dijo que lo pensaría y volvería a hablar conmigo. Regresé a mi oficina, convencido de que estaría desempleado a más tardar al finalizar la semana.

Mentalmente, ya estaba empacando mi oficina.

Luego, unos treinta minutos después, mi teléfono sonó. Era Sam Moore, el director ejecutivo de Thomas Nelson. Estaba en camino y acababa de hablar por teléfono con mi jefe, que le informó todo directamente. «Mike —dijo, yendo directo al grano como solía hacerlo— cuéntame tu versión de la historia».

Le expliqué lo que había sucedido, incluida mi recomendación de cancelar el libro. Preguntó cuánto costaría eso. Haciendo una mueca, le di el número exacto. «Mike —dijo, sin dudar por un momento— estoy de acuerdo contigo. Cancelen el libro. Es lo correcto».

Estaba atónito aunque aliviado. Nos enfrentamos con otros obstáculos a medida que avanzaba el año, por supuesto. Pero estoy convencido de que esa era, de hecho, la oportunidad que puso a prueba nuestra integridad como empresa y nuestro compromiso con la visión de nuestra división. Dios a veces pone obstáculos en nuestro camino como líderes. ¿Por qué? No para destruirnos sino para ayudarnos a mejorar. Y, sin integridad personal, corremos el riesgo de violar la confianza de nuestros equipos, de nuestros compañeros, de nuestros clientes y de nuestros consumidores en búsqueda de nuestra visión. Como postdata, no solo logramos nuestro presupuesto ese año si no que lo superamos. ¿Cómo responderás cuando tu integridad sea probada? Zig Ziglar lo expresó de esta manera: «Es cierto que la integridad por sí sola no te convertirá en un líder; pero, sin integridad, nunca serás uno».[27]

3. Valentía. Las personas se entusiasman con las nuevas visiones. La válvula creativa se calienta. Las ideas fluyen. El equipo está vivo y con posibilidades. Pero entonces comienza la siguiente etapa de trabajo. Solo algunas personas informan sobre las tareas que les fueron asignadas. Quizás compartan un boceto, una propuesta o una demostración. No está mal; incluso podría ser bastante bueno. Pero eso no cumple las expectativas. Algo falta.

Todos son corteses. Algunos incluso hacen sugerencias. Pero, en algún lugar de tu interior, te das cuenta de que el sueño está siendo afectado. No ha muerto, por supuesto. Pero se le ha reducido, calibrado según la realidad de los plazos, los presupuestos y los recursos limitados. El *cómo* invade el *qué*. En este mismo momento, te enfrentas a una decisión. ¿Defenderás la visión original o todos los demás y tú en la sala, que te siguen como líder, cederán? Lo único que evitará que esto suceda es la valentía. La valentía da vida a la visión una vez que el entusiasmo inicial desaparece. En mi experiencia, hay varias maneras de encontrar la valentía que necesitas para nadar contra la corriente y defender tu visión. Comienza adoptando una posición firme para la grandeza. Como muchas cosas importantes en la vida, crear y vender una visión comienza con un compromiso. Debes determinar en tu propio corazón con qué no te conformarás y qué no es negociable. Cuando decides que el sueño lo justifica, tienes que tomar una posición firme y jugártela toda.

Después, debes conectarte con la visión original. Antes de que exista, es solo una idea. No importa cuán claro e inspirador sea el guion de tu visión, el único lugar donde existe tu visión —con todo su brillo y su color— es dentro de tu cabeza. A veces, solo tienes que cerrar los ojos y volver a plantear lo que estás tratando de crear en tu realidad futura.

Ahora, recuerda lo que está en juego. He descubierto que la mejor manera de hacer esto es preguntarse: «¿Por qué es tan importante?». Cuando estaba escribiendo mi primer libro, tenía una lista de siete razones por las que necesitaba escribirlo. Lo revisaba cada mañana antes de comenzar a escribir. Eso le dio al proyecto un significado casi épico, pero me mantenía en marcha cuando quería renunciar.

Es importante en este punto escuchar a tu corazón. La mayoría de nosotros hemos pasado toda una vida ignorando, o incluso suprimiendo, nuestra intuición. No sé si eso es producto del racionalismo moderno o del pragmatismo estadounidense. Independientemente, creo que la intuición es el mapa del tesoro escondido. No es infalible, pero tampoco lo es nuestra razón. Y puede apuntarnos en la dirección correcta. Necesitamos prestar atención a esa voz interior.

Ahora estás listo para hablar. Este es el paso crucial. Debes dar voz a tu corazón y hacerlo oficial. Si no lo haces tú, ¿quién lo hará? Tú puedes ser la última oportunidad de que el sueño original se mantenga con vida. La mayoría de las personas cederán, se rendirán y seguirán adelante, especialmente si sienten la presión del cómo sobre el qué. La mayoría de las personas tienen más por hacer de lo que realmente pueden, por lo que son reacios a pasar por una repetición más para hacerlo bien cuando hay un compromiso viable a la vista. Pero si no lo hacen, nunca experimentarán el extraordinario fruto de tu visión. Es por eso que no puedes permitirte permanecer en silencio. Como líder guiado por la visión, debes abogar por ella.

Por último, sé terco. Esta es quizás la parte más difícil de todo. Todos queremos ser aceptados. No queremos ser demandantes ni irrazonables. Pero piensa en tu propia historia. ¿No son las personas que más respetas las que más demandan de ti? Es posible que no lo hayas apreciado completamente en ese momento pero, reflexionando, su obstinada negativa a conformarse es lo que marcó la diferencia.

Ten en cuenta que no dije que seas un idiota al respecto. Hay una diferencia entre ser terco y ser descortés. Una forma de aprovechar esa diferencia es la humildad. Los líderes más efectivos son a menudo aquellos que muestran humildad en los momentos críticos. ¿Por qué? Porque se recorre un largo camino para llegar a asumir la carga, así como para compartir los fracasos y las victorias con el equipo.

Cuando lideramos con humildad, nos volvemos accesibles, agradables e inspiramos a los demás. Y créeme, hay días en que el equipo recibe un duro golpe inesperado. Es en esos momentos que la humildad mantiene al equipo unido. Mientras tanto, el orgullo divide y desmoraliza.

Como la resistencia es predecible, tenemos que prepararnos para su aparición. Eso no solo significa cultivar nuestra tenacidad sino también mantener nuestra integridad y expresar valentía. Si la visión es algo que nuestros equipos esperan de nosotros (pregunta 2), esta es una de las ocasiones que más la necesitarán. No los decepciones. No hay recompensa por rendirse. Por el contrario, la historia nos proporciona un ejemplo tras otro de persistencia frente a la resistencia y las recompensas que siguieron como resultado de ella.

> Como la resistencia es predecible, tenemos que prepararnos para su aparición. Eso no solo significa cultivar nuestra tenacidad sino también mantener nuestra integridad y expresar valentía.

Resistencia y recompensas

El desastre del Apolo 1 fue un golpe devastador para la visión de superioridad de Kennedy en el espacio. Pero contenía un lado positivo. El accidente impulsó a la NASA a redoblar su compromiso de ejecutar su misión afinando sus procesos, protocolos y procedimientos. Debido a que superaron los contratiempos que amenazaban con descarrilarlos, la visión de Kennedy se convirtió en una realidad el 24 de julio de 1969, cuando Neil Armstrong se zambulló en el Pacífico después de haber caminado sobre la luna unos días antes.

Los ejemplos abundan. La visión de la primera minivan Chrysler fue rechazada por prácticamente todas las partes internas interesadas puesto que no entraba en una de las clases de automóviles existentes y su competencia no tenía nada similar. El nuevo director ejecutivo —Lee Iacocca— vio el potencial, pero los «contadores obsesionados con el presupuesto inicialmente trataron de bloquearlo».[28] La innovación no solo salvó a Chrysler de tocar fondo, sino que revolucionó la industria automotriz.[29]

Steve Jobs tuvo una visión para la computadora Macintosh de Apple, pero fue despedido de la compañía que él fundó. Contra toda expectativa, Jobs regresó a Apple, salvando a la compañía de la bancarrota y reinventándola con su visión del iPhone. Apple se convirtió en la primera «empresa pública estadounidense en superar el valor de un billón de dólares».[30] Y luego está el doctor Semmelweis. Sufrió por su visión de lavarse las manos para detener la propagación de enfermedades infecciosas. Años después de su muerte, su visión pionera triunfó; lo que llevó a la salvación de innumerables vidas y allanó el camino para la teoría microbiana de la enfermedad de Louis Pasteur.

El negocio como es habitual produce resultados predecibles. Pero si quieres algo fresco, algo nuevo, eso requiere de una visión. La grandeza solo sucede deliberadamente. Y, si bien el líder guiado por la visión está comprometido con el diseño y la búsqueda de un resultado futuro deseable para su organización, reconoce que la resistencia es parte de la realización de su visión. Para convertirse en el líder más eficaz guiado por la visión, la tenacidad, la integridad y la valentía son esenciales.

¿Tienes eso en ti? Yo creo que sí. Pero quizás estés pensando en cómo se alinea la visión con la realidad actual de tu organización. Te estás cuestionando si es demasiado tarde. Esa es la pregunta que abordaremos a continuación. La buena noticia es que, en cualquier etapa de la curva de crecimiento de una organización, la visión juega su papel e incluso puede revitalizar a las empresas muertas.

¿Es demasiado tarde?

El poder de la visión zigzagueante

> Muchos de los fracasos de la vida son por personas
> que no se dieron cuenta de lo cerca que estaban del
> éxito cuando se dieron por vencidos.
>
> **THOMAS EDISON**[1]

«**E**stamos en estado de crisis», informó el vicepresidente a la junta directiva. «Nos estamos quedando sin fondos… [y] probablemente no sobreviviremos». Estas son noticias que nadie quiere escuchar, pero cuando Jørgen Vig Knudstorp se lo comunicó al liderazgo de LEGO en el 2003, estaba diciendo la verdad.[2] Puede ser difícil asimilarlo en la actualidad, en un momento en que LEGO es reconocida como una de las marcas más exitosas del mundo, pero a comienzos del milenio casi llega a la quiebra.[3]

Los ingresos de la compañía habían estado en una fuerte pendiente desde la década de 1970, pero la rentabilidad se redujo en la década de los noventa, principalmente debido a la competencia. No solo las patentes de la compañía expiraron, invitando a nuevos jugadores al campo, sino que el mercado tradicional de juguetes también luchaba contra la creciente demanda de los videojuegos y los juguetes educativos electrónicos. Además, los niños tenían cada vez menos tiempo para jugar sin una estructura puesto que sus horarios estaban cada vez más saturados con deportes de fin de semana y actividades extracurriculares. Es difícil armar conjuntos de piezas grandes y complicadas cuando se está ejercitando en la práctica de balompié.

Desesperados por un producto exitoso que los llevará a superar su erosión en el mercado, LEGO triplicó la cantidad de juguetes nuevos que produjo entre 1994 y 1998, con la esperanza de cosechar un gran éxito. Luego, siguiendo los consejos de consultores externos y especialistas en cambios, se expandió al mercado de la ropa y las joyas. Se asoció con nuevos licenciatarios. Abrió parques temáticos. Construyó una división de videojuegos desde cero.

Los ingresos aumentaron, pero los costos aumentaron más. La mayoría de los esfuerzos enmascararon lo que estaba mal o empeoraron las cosas, ya que la gerencia no tenía los sistemas establecidos para determinar qué estaba funcionando y qué no. En vez de recuperar su punto de apoyo, LEGO perdió su camino y casi se fue a la quiebra en el proceso.

Cuando los ingresos colapsaron en el 2003 —desencadenando la advertencia de Knudstorp— la compañía estaba endeudada hasta el cuello con un negocio tan extenso y complejo que no podía manejar su propio inventario. LEGO se estaba cayendo a pedazos. Afortunadamente, el liderazgo pronto se dio cuenta de que Knudstorp tenía razón, lo ascendieron a director ejecutivo y la compañía se reinventó bajo su liderazgo.

Cuando nos preguntamos: ¿es demasiado tarde?, la tentación para algunos es mirar nuestras circunstancias y apresurarse a un sí. Pero ¿tienen razón? Innumerables negocios fracasan cada año en todas las etapas de su vida: inicio, legado, no importa. Sin embargo, empresas al borde de la muerte, como LEGO, regresan al escenario con más frecuencia de lo que imaginas. Lo hacen a través de algo que yo llamo visión zigzagueante. Piensa en ello como una nueva visión.

En las compañías que zigzaguean, los líderes guiados por la visión presentan nuevas e inspiradoras direcciones para sus organizaciones. Cualquier compañía puede acelerar con el zigzagueo correcto y cualquier empresa puede evitar el declive, incluso reinventarse por completo. Recuerda la historia de Fujifilm, contada en la pregunta 2. Y esta es la cuestión: las organizaciones pueden realizar este movimiento en cualquier etapa de su vida. A continuación, veremos varias de esas empresas utilizando el arco de la visión. Esto te permitirá ver dónde y cuándo zigzaguearon, y dónde podrías zigzaguear tú también.

EL ARCO DE LA VISIÓN

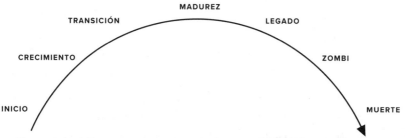

El arco de la visión representa una trayectoria comercial estándar a través del tiempo con disminución de la rentabilidad como una aparente inevitabilidad. Pero ¿es inevitable el declive?

El arco de la visión

Desde mi punto de vista, hay siete etapas de un negocio: emprendimiento, crecimiento, transición, madurez, legado, zombi y muerte. Estas no son categorías rígidas, más bien son como puntos convenientes en una sucesión. Lo llamo el arco de la visión, y me resulta útil para trazar negocios a lo largo de la curva en función de su etapa. Dependiendo de la organización y la cantidad de historia que tenga, puedes seguirla desde el nacimiento hasta la tumba. De vez en cuando, las compañías hacen que un Lázaro y un zigzagueo vuelvan a la vida. Pero incluso las compañías que se encuentran en las etapas inicial y media realizan zigzagueos cuando lo necesitan.

El arco de la visión ofrece una imagen de la rentabilidad a lo largo del tiempo. La rentabilidad aumenta a medida que un emprendimiento navega exitosamente desde el inicio hasta la madurez, donde enfrenta una viabilidad en declive o renovada a través de una visión zigzagueante. Un zigzagueo ocurre cuando una organización salta efectivamente a una etapa anterior en el arco, una maniobra que seguiremos examinando a continuación en varias compañías que probaron esta maniobra.

Ten en cuenta que las utilidades y el tiempo no son absolutos; son relativos a cada compañía y cada compañía es diferente. Ten en cuenta también que no todas las compañías pasan por cada etapa. Algunas pueden fallar en la etapa del legado, como casi lo hizo LEGO. Otros no logran sobrevivir a la etapa de transición, como lo hizo mi empresa editorial independiente. Y aun otros nunca pasan la etapa de inicio.

El arco de la visión es relevante puesto que, como señala el autor y analista de negocios Steve Denning, «hace medio siglo, la esperanza de vida de una empresa en Fortune 500 era de alrededor de setenta y cinco años. Ahora son menos de quince años y están disminuyendo aún más».[4] Denning continúa haciendo la pregunta correcta: «¿Qué pasaría si [una] empresa optara por seguir jugando a la ofensiva y centrarse totalmente en agregar valor a los clientes?». Knudstorp hizo eso con LEGO y los resultados hablan por sí mismos. LEGO es ahora una de las compañías más exitosas del mundo.

La visión zigzagueante ocurre cuando una compañía define una nueva visión y, a su vez, experimenta una nueva ronda de inversión, energía y crecimiento en el mercado, incluso si la compañía es un zombi o está muerta. ¿Por qué es esto importante? Porque sin una visión efectiva, estás atrapado donde sea que estés. Puedes languidecer en la tierra de una compañía que inicia o emerge donde parece que no puede pasar al siguiente nivel, o puedes ser una compañía en la etapa de legado estancada al borde de la obsolescencia y la muerte.

Cualquiera sea tu posición actual en el arco de la visión, tu empresa puede implementar una visión zigzagueante para extender su vitalidad y su rentabilidad. Como verás, nunca es demasiado tarde para comenzar con una visión modificada. Tampoco, debo agregar, es demasiado temprano. Algunas compañías tienen que zigzaguear desde la entrada, cuando su visión inicial les falla.

El zigzagueo en la etapa de inicio

Durante la etapa de inicio, el sueño es el rey. Es un momento de asombro y descubrimiento. Tu pasión es alta para el nuevo emprendimiento, pero sin una visión, seguramente te verás afectado por todas las razones que discutimos anteriormente (observa, especialmente, la pregunta 2). El riesgo de las complicaciones es una curva de aprendizaje empinada que está cargada de demasiadas incógnitas que enfrentan todas las nuevas compañías. Por ejemplo, ¿dónde encontrarás a tus clientes, ¿cómo te conectarás con ellos, querrán tu producto o servicio y cuál es el umbral para convertirse en un negocio viable?

La tentación durante la etapa de inicio es confiar principalmente en las corazonadas y la intuición para tomar una dirección. Lo que realmente se necesita es aprovechar el tiempo para definir tu visión. En última instancia, eso fue lo que cerró mi empresa editorial independiente. No teníamos una visión que nos ayudara a filtrar qué libros publicar. Tampoco tuvimos una visión que guiara nuestros esfuerzos de cambio.

Pero incluso los inicios con visión a menudo se encuentran en problemas cuando tu visión inicial no se desarrolla como se esperaba. Los que sobreviven son los que zigzaguean. «La investigación ha mostrado... que la gran mayoría de las nuevas compañías exitosas abandonaron sus estrategias comerciales originales cuando comenzaron a implementar sus planes iniciales y aprendieron qué funcionaría y qué no funcionaría en el mercado», afirma Clayton Christensen, profesor de la Escuela de Negocios de Harvard.[5] De hecho, eso es lo que veremos en los siguientes dos casos de estudio.

El zigzagueo de Airbnb. La visión original de Airbnb no era ser un imperio global construido sobre una red de alojamientos privados. Más bien, surgió cuando los cofundadores Brian Chesky y Joe Gebbia necesitaban ganar algo de dinero extra para cubrir la renta. En el 2007, mientras vivían en San Francisco, se percataron del hecho de que no había suficiente capacidad hotelera para manejar una conferencia importante en la ciudad. Rápidamente compraron varias camas de aire y ofrecieron un lugar para quedarse, con desayuno incluido, por ochenta dólares. Y funcionó. En 2008, aplicaron ese enfoque durante la Convención Nacional Demócrata, en Denver, cuando la demanda de viviendas temporales eclipsó la oferta. Una vez más, un éxito modesto, pero no suficiente para construir un negocio real. Fue entonces cuando los socios se dieron cuenta de que su visión era demasiado pequeña. Se requería de una visión zigzagueante que, al principio, parecía ridícula: crear una red mundial de anfitriones locales que rentaran habitaciones libres a los viajeros como una alternativa a los hoteles tradicionales. «Todos pensaron que era una locura», dice Chesky. «Nadie nos apoyó. No teníamos dinero. Fue el mejor programa de reducción de peso de todos los tiempos. Probablemente perdí veinte libras porque no tenía dinero para comprar comida».[6]

Aunque Chesky creía que algo estaba por ocurrir, su nueva visión era lo suficientemente alocada como para asustarlo. Describiría los primeros días como un largo y continuo Día de la Marmota, despertando lleno de pánico, seguido de un cierto nivel de confianza de que las cosas funcionarían, y despertando al día siguiente con pánico nuevamente.

Parte de su pánico fue producto de la serie de rechazos por parte de los patrocinadores financieros. Su concepto de servicios de alojamiento inicialmente atrajo cero interés de los inversores que, como recuerda Chesky, literalmente se retiraban a la mitad de la presentación. «La mayoría de la gente pensaba que era una locura».[7]

Tardó varios años y tres diseños diferentes de sitios web antes de que su idea —radicalmente transformadora— resonara tanto en el público como en varios capitalistas de riesgo. Pero lo hizo y, en la actualidad, Airbnb se encuentra en 34.000 ciudades y es el proveedor de alojamiento más grande del mundo. A diferencia de Marriott, Hyatt, Hilton o cualquiera de los otros jugadores globales, no poseen ninguna propiedad y disfrutan de una valoración de aproximadamente de treinta y cinco billones de dólares.[8] Todo porque su visión original no era lo suficientemente grande. Así que, zigzaguearon.

El zigzagueo de YouTube. Lo primero que se imaginaron los cofundadores Steve Chen, Jawed Karim y Chad Hurley fue un sitio web de noviazgo por video. En 2005, lanzaron YouTube con el único propósito de conectar a enamorados potenciales. «Incluso teníamos un eslogan para ello: sintonízate y engánchate», dijo Karim.[9] Para atraer a los usuarios, los socios publicaron anuncios en Craigslist en varias ciudades, ofreciendo pagar a las mujeres veinte dólares si subían un video que describiera la cita de sus sueños. Al nadie aceptar, Karim no se sorprendió por completo. «Ni siquiera sabíamos cómo describir nuestro nuevo producto», dijo, esta era una versión extrema de un problema muy común para la etapa de inicio.[10]

Y fue entonces cuando los fundadores zigzaguearon. «Está bien», dijo Chen, «olvida eso del noviazgo por video, vamos a expandirlo a cualquier tipo de videos».[11] Para comenzar su nueva visión, Karim publicó: «Yo en el zoológico», un videoclip de dieciocho segundos en el que describía a los elefantes del lugar. Dijo que fue entonces cuando los interesados «comenzaron a usar YouTube para compartir videos de todo tipo. Sus perros, sus vacaciones, cualquier cosa. Eso nos pareció muy interesante». Y fue cuando llegó el momento de inspiración: «Dijimos: "¿Por qué no dejamos que sean

los usuarios los que definan de qué se trata YouTube?".
En junio, habíamos renovado completamente el sitio web,
haciéndolo más abierto y general. Y funcionó».[12]
En el 2006, Google adquirió YouTube por 1,65 billones
de dólares.

El zigzagueo en la etapa creciente

Al ascender por el arco de la visión, el viaje es emocionante.
El equipo está emocionado. Todo es color rosa. Pero los
líderes con un déficit de visión a menudo tienen problemas
en esta etapa. Sin visión para guiar su estrategia y sus decisiones, como lo vimos en la pregunta 2, a menudo persi-
guen las oportunidades equivocadas, pierden las correctas

LA VISIÓN ZIGZAGUEANTE

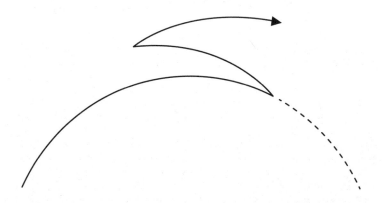

La visión zigzagueante te permite revitalizar tu organización mediante la reinvención de tu futuro. Para usar la frase del director ejecutivo de Microsoft,
Satya Nadella, es cómo «presionar el botón de actualizar» en tu negocio.
En comparación con el arco de la visión (p. 191), este diagrama muestra un
zigzagueo en la etapa de legado, pero los líderes pueden zigzaguear cuando
sea necesario.

y pagan el precio por ello. Una visión clara en esta etapa puede indicarles a los líderes las oportunidades adecuadas para el crecimiento. ¿Qué pasa si no tienen una visión o si la que tienen es obsoleta? Al igual que en el inicio, las empresas en ascenso pueden corregir el curso con una visión zigzagueante, obteniendo resultados sorprendentes.

El zigzagueo de Instagram. En 2010, Kevin Systrom originalmente creó una aplicación para iPhone llamada Burbn, llamada así por su bebida favorita para adultos. Concebido como un competidor para Facebook, Foursquare y Gowalla (ahora extintos), Burbn permitía a los usuarios registrarse en diferentes lugares para reunirse, ganar puntos por pasar el rato y publicar fotos de su tiempo juntos.[13] Systrom pensó que podría superar a la competencia. Y —es cierto— tenía algo, pero no estaba funcionando como él quería. Sus primeros adoptantes proporcionaron el éxito inicial, pero la aplicación fue ampliamente vista como demasiado saturada y difícil de navegar.

En su libro, *La estrategia del océano azul*, el autor W. Chan Kim dice que es un error enfrentarse cara a cara con la competencia, como lo hizo inicialmente Systrom. «La estrategia del océano azul desafía a las empresas a salir del océano rojo de la competencia sangrienta mediante la creación de un espacio de mercado no disputado que hace que la competencia sea irrelevante», dice.[14] Finalmente, eso es lo que hizo Systrom. Después de asociarse con Mike Krieger, el dúo descubrió que sus usuarios no estaban usando la función de registro en absoluto. Tampoco les importaba ganar puntos. Por el contrario, a los usuarios de Burbn les encantaba tomar y publicar fotos. Y eso fue suficiente para tomar una nueva dirección.

Systrom y Krieger cortaron todas las funcionalidades de Burbn, excepto la capacidad de tomar, comentar, «dar me gusta» y publicar fotos. El 6 de octubre de 2010, lanzaron la renovada aplicación, renombrando Burbn como Instagram. En veinticuatro horas, veinticinco mil usuarios habían descargado la aplicación. Tres meses después, más de un millón de usuarios compartían y aprobaban las fotos en Instagram. El 12 de abril de 2012, Facebook compró Instagram por un mil millones de dólares. Hoy, Instagram vale más de cien mil millones de dólares.[15]

El zigzagueo de Starbucks. Según cuenta la historia, «Durante el almuerzo y una mala taza de café», Gordon Bowker, Jerry Baldwin y Zev Siegl decidieron redefinir a qué debería saber una taza de café.[16] El 30 de marzo de 1971, el trío alquiló una pequeña tienda, en Seattle, para vender granos de café a granel junto con el equipo para molerlos. Una década y cuatro tiendas después, las ventas alcanzaron los 4.4 millones de dólares. Si bien la compañía vendía granos y máquinas moledoras de alta gama, Starbucks no vendía tazas de café en sus inicios, solo el medio por el cual los clientes podían prepararlas en casa. Ese fue el alcance de su visión.

Howard Schultz se unió a esta creciente compañía boutique en 1982 como director de operaciones y *marketing* de Starbucks. Un año después, Schultz asistió a un espectáculo internacional de artículos para el hogar en Milán, Italia. Mientras estuvo allí, se enamoró de los bares de café expreso, los lates y la forma en que los bares servían como lugares de reunión comunitaria. «Esta es la bebida perfecta», pensó después del primer sorbo. «Nadie en Estados Unidos sabe de esto. Tengo que llevarlo conmigo».[17] Pero cuando propuso zigzaguear la visión a los tres propietarios, de que cambiaran su modelo de negocio de vendedores de equipos y productos a cafés, arrojaron un balde de agua fría sobre la idea.

Schultz, a su vez, dejó Starbucks para abrir su propia empresa de café, Il Giornale Coffee Company, reflejando su experiencia en Milán. A pesar de que nadie podía pronunciar el nombre de su tienda (Eel Joe-rrnah-leh), fue todo un éxito. Rápidamente abrió dos locales más. Aproximadamente un año después, las tres tiendas de Schultz, en Seattle, «estaban camino a ganar 1,5 millones de dólares al año».[18] Su tremendo crecimiento le permitió comprar y adquirir a su proveedor de granos, su antiguo empleador —Starbucks— que luego se vio obligado a pagar en efectivo y sobregirarse. En 1987, cambió el nombre de sus cafeterías como Starbucks y se abrió camino en más de 30.000 localidades en todo el mundo y 24 mil millones de dólares en ventas en el momento que se escribe este libro.[19]

El zigzagueo en la etapa de transición

En la etapa de transición, las compañías son como los arbustos en el patio delantero a finales de la primavera. Han crecido, pero por todas partes. Este suele ser el momento para podar en preparación para el próximo gran movimiento. Es una etapa natural en la que hay que validar y revisar tu visión original. ¿Qué suposiciones siguen siendo ciertas y cuáles han resultado ser falsas?

En este punto es tentador mantener la visión original y todo el crecimiento rebelde que inspiró. Pero ahora es el momento de tomar decisiones inteligentes sobre el futuro, especialmente cuando se trata de los productos que se ofrecen y los clientes que se atienden. Esto es cierto para las compañías, las divisiones dentro de una compañía y las marcas.

El zigzagueo de JVC. Durante la década de 1970, JVC y Sony luchaban por la supremacía para convertirse en el estándar de la industria con sus respectivas grabadoras de video. El sistema Betamax tecnológicamente superior, de Sony, ofrecía una mejor calidad de video y sonido con menos ruido, y sus casetes ofrecían una hora de grabación. Al principio, Sony tenía la ventaja, controlando el cien por ciento del mercado de videos hogareños simplemente porque era el primero en el mercado. Mientras tanto, la compañía de electrónica JVC vio la oportunidad de superar, en vez de repetir, lo que Sony había creado. Principalmente conocido por sus televisores y consolas de radio, JVC comenzó a experimentar con cintas de video. Ellos zigzaguearon e introdujeron su formato VHS de menor costo.

Aun cuando la calidad de la imagen no era tan buena como la del Beta, VHS proporcionó dos horas de cinta. Sony perdió el mercado. Estaba enamorado de la calidad de su creación y no reconoció que a los consumidores les importaba más el tiempo de ejecución que la calidad de la imagen. ¡Los casetes beta ni siquiera podían grabar una película completa![20]

¿Cómo no se percató Sony de algo tan obvio? Asumieron que los clientes querían grabar solo sus programas de televisión favoritos, en cuyo caso una cinta de una hora estaba bien. Y, después de haber vendido 100.000 unidades en el primer año, se sintieron validados en sus supuestos.[21] No tuvieron en cuenta el hecho de que esas ventas se realizaron antes de que el VHS llegara al mercado. Una vez que los clientes descubrieron el menor costo y el mayor tiempo de ejecución del VHS, así como la capacidad de grabar o reproducir películas de larga duración, pasaron al formato de menor valor de VHS.

Sony trató de zigzaguear en ese punto, pero el mercado de negocios de alquiler de videos había surgido para entonces y ya era demasiado tarde. «En el momento que quedó claro que ver películas caseras, no grabar programas de televisión, sería la aplicación asesina de la videograbadora», escribe el autor Duncan Watts, «ya era demasiado tarde [para Sony]».[22] En el primer año, el formato VHS capturó el cuarenta por ciento de la cuota de mercado de Sony. A fines de la década de 1980, nueve de cada diez videograbadoras vendidas en Estados Unidos eran VHS.[23]

El zigzagueo de Netflix. Cuando Netflix decidió hacer un zigzagueo con su visión en el 2007, de enviar discos de video (DVD) en pequeños sobres rojos a convertirse principalmente en una plataforma de transmisión, se encontró con un completo escepticismo. El director ejecutivo de Time Warner, Jeffrey Bewkes, cuestionó la sostenibilidad de un modelo de negocio basado en la transmisión de películas. «Es difícil ver cómo ese tipo de economía puede encajar en un servicio que cobra ocho o diez dólares al mes, porque las matemáticas no dan», dijo.[24]

Y luego aparece ese momento inolvidable cuando el cofundador de Netflix, Reed Hastings, le presentó al director ejecutivo de Blockbuster, John Antioco, la visión de administrar la marca de Blockbuster en línea mientras que esta empresa manejaba la marca de Netflix en sus tiendas. Antioco y su equipo no pudieron verlo. «Casi se rieron de nosotros y nos echaron de su oficina», recordó Barry McCarthy, el entonces director financiero de Netflix. «Al menos inicialmente, pensaron que éramos un negocio con un nicho muy pequeño. Poco a poco, con el tiempo, a medida que nuestro mercado crecía, el pensamiento de [Antioco] evolucionó, pero inicialmente nos ignoraron y eso fue una gran ventaja para nosotros».[25] Mientras tanto, la transición de Netflix —de un modelo de suscripción de DVD a uno de transmisión— se basó en su capacidad de «adaptarse a las tecnologías cambiantes y a las demandas de los consumidores», y «esa capacidad de adaptarse ha continuado en los últimos años con el éxito del contenido original de la compañía».[26] Como resultado, Netflix fue clasificada como la red de televisión mejor valorada entre los consumidores estadounidenses desde abril de 2018,[27] mientras que su contenido original obtuvo veintitrés premios Primetime Emmy en 2018.[28] Y sus ingresos anuales aumentaron de 997 millones de dólares en el 2006 a más de 16.61 mil millones el 31 de marzo de 2019.[29]

Entretanto que se escribe este libro, en el 2019, solo queda una tienda Blockbuster abierta en todo el mundo. Está en Bend, Oregon, por si quieres intentar conseguir una copia de *El club de los cinco*.[30]

El zigzagueo en la etapa de madurez

Las compañías en la etapa de madurez han sobrevivido a la turbulencia del período de transición. Si este eres tú, estás bien establecido en tu industria. Tus clientes son leales y fácilmente aceptan y dependen de tus productos o servicios. Te enfrentas a la competencia de otras compañías maduras, lo que ejerce una presión a la baja de los precios. Has alcanzado el pico de la relación entre los ingresos y las ganancias, que se ha estabilizado en gran medida.

No se anticipa un crecimiento futuro significativo porque es probable que te estés acercando a una saturación del mercado en tu grupo demográfico objetivo. Esto ocurre cuando la optimización de los recursos y la ampliación a través de adquisiciones te permiten apaciguar a los inversores que aún desean un crecimiento en las ganancias.

Sin embargo, aún existe la oportunidad de innovar, adquirir o expandirse a través de una fusión. Desafortunadamente, esta es también la etapa en la cual las compañías que carecen de visión se vuelven complacientes y pierden el control del barco. Esa era la situación cuando Steve Jobs regresó a Apple.

El zigzagueo de Apple. Jobs regresó a Apple en 1997, en un momento en que las ventas se habían desplomado un treinta y seis por ciento en solo dos años, pasaron de 11 mil millones de dólares en 1995 a 7 mil millones en 1997.[31] Los ingresos de su mayor fuente de ganancias —el Mac— se hundieron, y Apple estaba a solo tres meses de quedarse sin dinero.[32] Sin un zigzagueo significativo, Apple habría terminado. Lo primero que Jobs tuvo que hacer fue mantener solvente a la compañía. Llegó a un acuerdo con Bill Gates: Apple desistiría de una atareada y costosa demanda contra Microsoft a cambio de 150 millones de dólares. Eso mantuvo a la compañía fuera del tribunal de quiebras.

Luego recortó lo innecesario. Después de recortar el setenta por ciento de los productos de la excesiva línea de productos de Apple, incluidas las impresoras láser, la cámara digital QuickTake de Apple y la PDA de Newton, explicó: «Enfocarse tiene que ver con decir no».[33] Jobs se dio cuenta de que Apple estaba «ejecutando maravillosamente muchas de las cosas incorrectas».[34] Además añadió: «Decidir qué no hacer es tan importante como decidir qué hacer. Esa es una verdad tanto para las compañías, como para los productos».[35] A su vez, estableció cuatro cuadrantes (profesional, usuario, de escritorio y portátil) e hizo que Apple se concentrara solo en esas cuatro cosas. Fue una redirección total de la visión actual de la compañía.

Y la visión de Jobs fue más allá de los productos. También reinventó el equipo para asegurarse de poder alcanzar la visión. Cambió la junta directiva y trajo un nuevo equipo. «De vuelta a la innovación», dijo el director ejecutivo de Oracle, Larry Ellison, miembro de la nueva junta. «De vuelta a la creatividad. De vuelta a la visión».[36]

Ese zigzagueo fue el primero de muchos en llegar e inició la era más innovadora y rentable en la historia de Apple. Impulsado por el lanzamiento tecnológico del innovador iPhone en 2007, Apple se convirtió en la primera compañía pública estadounidense en ser valorada en más de mil billones de dólares.[37]

El zigzagueo de Amazon. Como una compañía madura, Amazon podría estancarse por ir a lo seguro, apegándose a entregar un amplio espectro de productos a través de la web. Pero, en lugar de alcanzar el estatus de la etapa de legado, después de veinte años ha conservado su cultura de vanguardia mediante el zigzagueo e innovando como un inicio agresivo. Desde los dispositivos habilitados para Alexa (que controlan más de 4.000 dispositivos domésticos inteligentes), tiendas minoristas de Amazon Go (sin necesidad de pagar), y la llegada de Prime Wardrobe (que permite a los clientes probar antes de comprar), para crear un catálogo de programación original en Prime Video, Amazon es valorado como el número uno por los clientes en el índice de satisfacción de clientes estadounidenses año tras año.[38] Complacer a los clientes a través de esas constantes innovaciones, junto con su compromiso de ofrecer un excepcional servicio al cliente continuo, mantiene a Amazon esforzándose por optimizar las eficiencias. «Incluso cuando aún no lo saben, los clientes quieren algo mejor, y tu deseo por deleitar a los clientes te llevará a inventar en su nombre», como dijo el fundador y director ejecutivo, Jeff Bezos. «Ningún cliente le pidió a Amazon que creara el programa de membresía Prime, pero seguramente resultó ser lo que querían».[39]

¿Por qué Amazon se comporta como si estuviera en la etapa de inicio en lugar de la compañía madura que es? En una carta a los accionistas, Bezos explica por qué siempre es el «Día 1» en Amazon: «El día 2 es estancamiento. Seguido de irrelevancia. Seguido de un insoportable y doloroso declive. Seguido por la muerte. Y por eso es que siempre es el día 1. Sin duda, este tipo de declive sucedería en cámara lenta extrema. Una compañía establecida podría cosechar el día 2 durante décadas, pero el resultado final aún vendrá».[40] Al estar constantemente zigzagueando, Amazon se mantiene joven mientras madura como compañía.

El zigzagueo en el legado

En la etapa del legado, tu compañía se habrá acostumbrado a su ritmo. Los clientes conocen, aman, confían y buscan tu marca. El equipo directivo incluye los mejores talentos del campo. Los sistemas y procesos necesarios están al día para optimizar las operaciones. Para las compañías que cotizan en bolsa, las acciones pagan dividendos consistentes. Pero el riesgo es una pérdida del espíritu emprendedor original, el que impulsó a la innovación y a la toma de riesgos calculados. Una visión miope del mercado por parte del liderazgo puede causar ceguera ante los mercados emergentes, las tendencias de los clientes y los avances tecnológicos innovadores. Piensa en Kodak. Sin embargo, el declive se puede evitar cuando el liderazgo extiende una nueva visión. Piensa en las computadoras Apple y en el iPhone.

Al comienzo de este capítulo, hablamos sobre la manera en que LEGO —como empresa en etapa de legado— zigzagueó desde el borde de la bancarrota a la rentabilidad bajo el liderazgo del director ejecutivo Jørgen Vig Knudstorp. En el 2018, LEGO llegó a la lista de Forbes de las cien marcas más valiosas del mundo,[41] que seguramente supera al tribunal de bancarrota, hacia donde se dirigía antes de zigzaguear su visión. Aquí quiero dar un vistazo de otra marca de legado que hizo un zigzagueo efectivo en el último momento: Microsoft.

El zigzagueo de Microsoft. El 4 de abril de 1975, Bill Gates y su amigo de la secundaria —Paul Allen— fundaron Microsoft. El software adecuado y en el momento adecuado colocaron a Microsoft en el epicentro de la revolución de las computadoras personales. Cuando Gates se retiró de su papel principal en Microsoft, le entregó las «llaves del reino» a su sucesor, Steve Ballmer. Microsoft era una compañía que estaba en la cima de su juego, con nueve de cada diez computadoras personales en el mundo que utilizaban el sistema Windows.[42] Durante más o menos la próxima docena de años, lo que el periodista Kurt Eichenwald llamó «la década perdida de Microsoft»,[43] la compañía comenzó a declinar. ¿Por qué? En gran parte, como dice Tom Warren, debido a la «dependencia del legado de Gates y a la falta de visión» de Ballmer.[44] Apenas cuatro años después del mandato de Ballmer, Jim Allchin, un miembro principal del equipo de liderazgo, envió a Ballmer y Gates este correo electrónico: «Compraría una Mac hoy si no estuviera trabajando para Microsoft. Apple no perdió su camino».[45]

Bajo el mandato de Ballmer, Microsoft perdió su cultura innovadora. Según David Seidman, un gerente que trabajó para Ballmer, «Ballmer creó una cultura tóxica, mató buenos productos y despachó productos malos, y no pudo anticipar las tendencias de la industria... Ballmer mató repetidamente productos que se convirtieron en grandes negocios para otras compañías. Microsoft desarrolló teléfonos inteligentes y tabletas antes que Apple, pero no consolidó o mató completamente múltiples innovaciones».[46] Ya mencionamos la falta de visión de Ballmer cuando se trató del iPhone. «No hay posibilidad de que el iPhone obtenga una participación de mercado significativa», dijo. «No tiene posibilidad».[47] Por supuesto, el iPhone produjo más ingresos que todos los productos de Microsoft combinados.[48]

Después de que Ballmer se retiró en el 2014, Microsoft finalmente obtuvo su muy necesaria visión zigzagueante con su nuevo director ejecutivo, Satya Nadella. Nadella fue ágil en identificar los problemas internos que asfixiaban y frenaban el éxito de Microsoft. En su libro, *Oprime refrescar*, él reflexiona:

> La compañía estaba enferma. Los empleados estaban cansados. Estaban frustrados. Estaban hartos de perder y quedarse atrás a pesar de sus grandes planes e ideas. Llegaron a Microsoft con grandes sueños, pero sentían que todo lo que realmente hacían era tratar con la alta gerencia, ejecutar procesos de impuestos y discutir en las reuniones... Como yo, habían venido a Microsoft para cambiar el mundo, pero ahora estaban frustrados por el estancado crecimiento de nuestra compañía. Estaban siendo seducidos por los competidores. Lo más triste de todo es que muchos sintieron que la compañía estaba perdiendo su alma.[49]

La nueva visión de Nadella para el futuro fue una salida del comportamiento del *status quo* de su predecesor. Nadella zigzagueó de una era centrada en «dispositivos y servicios» a la de un futuro de conectividad móvil y en la nube. Poco después de tomar el mando como director ejecutivo, Nadella trazó su visión en un memorando a sus colegas, que incluía la siguiente perspectiva: «En esencia, Microsoft es la compañía de productividad y plataforma para el primer mundo en móviles y en nube. Reinventaremos la productividad para empoderar a cada persona y cada organización en el planeta para hacer más y lograr más».[50]

Este zigzagueo de la visión dio nueva vida a la compañía, lo que resultó en un aumento en la valoración de las acciones de 36.35 dólares, cuando asumió el cargo, a triplicarse en valor, cotizando por encima de 113 dólares por acción a fines de 2018, solo cuatro años después.[51] No perdamos de vista el hecho de que cuando Nadella recibió las llaves de la suite del director ejecutivo, Microsoft era una compañía legado que se dirigía hacia la tierra de los zombis. Su visión zigzagueante salvó a Microsoft y trazó un nuevo rumbo como una organización próspera. Además, debido a que Microsoft pudo ejecutar la nueva visión de Nadella, el 23 de abril de 2019 se convirtió en la tercera compañía en la historia de los Estados Unidos en alcanzar una valoración de mercado de un billón de dólares.[52]

El zigzagueo en la etapa zombi

En pocas palabras, las compañías zombi suelen ser empresas más antiguas y vulnerables debido al incumplimiento de sus deudas. Muchas no tienen suficientes ganancias para cubrir los pagos de los intereses de sus préstamos. Incluso las marcas domésticas que anteriormente disfrutaron por décadas del estado de legado son las principales candidatas a la bancarrota. Según un informe reciente, «la proporción de compañías zombi en Estados Unidos se duplicó entre el 2007 y el 2015, llegando a alrededor del diez por ciento de todas las empresas públicas».[53]

Así como Blockbuster no pudo dar un giro lo suficientemente rápido como para evitar la amenaza del modelo de Netflix, las compañías zombi no pudieron ver las señales de advertencia de los innovadores emergentes que mataron su viabilidad. Su visión se convierte en una que preserva el *status quo*. Y, aunque no están legalmente muertas, dada su incapacidad para atraer nuevo capital, podrían aun así estarlo, a menos que las fuerzas del mercado cambien inesperadamente o la empresa resucite con una visión zigzagueante.

El zigzagueo de la compañía United Record Pressing. Durante casi siete décadas, la planta de impresión de discos de vinilo, United Record con sede en Nashville había estado sacando álbumes para artistas como los Beatles y Bob Dylan. Pero en 1988, las ventas de discos compactos (CD) superaron las del vinilo,[54] y los discos de vinilo cayeron en picada. A mediados del año 2000, a punto de convertirse en un zombi, United respondió recortando su fuerza de trabajo y limitó su producción a solo un ínfimo turno. Según todas las medidas, estaban prácticamente muertos. Fue entonces cuando sucedió lo inesperado.

La demanda de vinilo cambió una vez más en 2008, esta vez por los mileniales y los hípsters atraídos por la experiencia del álbum y la creciente visión del vinilo como un «coleccionable». Las nuevas ventas del vinilo aumentaron un cuatrocientos por ciento, pasando de un poco menos de cuatro millones de unidades en 2008 a dieciséis millones de unidades en el 2017.[55] United pasó de contratar cuarenta a ciento cincuenta empleados y su planta de impresión opera las veinticuatro horas del día, seis días a la semana. Aun así, «nunca es suficiente para mantenerse al día con la demanda».[56] En este caso, el mercado habló tan alto que la compañía no pudo evitar responder al zigzagueo.

El zigzagueo de Marvel. Después de varias décadas de salvar al mundo con sus superhéroes, Marvel

Entertainment Group no pudo salvarse a sí mismo de las garras de la derrota. En diciembre de 1996, solicitaron protección frente a la bancarrota después de que el valor de sus acciones se derrumbó de 35.75 dólares a $ 2.375 en solo tres años,[57] seguido de una batalla galáctica entre varios inversores ricos que competían por el control del destino de Marvel. Durante las horas más oscuras, Marvel subastó los derechos cinematográficos de varios de sus principales héroes, incluidos Spider-Man, X-Men, Hulk y los Cuatro Fantásticos. Después de varios años de disputas legales, Marvel unió fuerzas con ToyBiz, saliendo de la bancarrota en junio de 1998 bajo un nuevo nombre: Marvel Enterprises. Tras haber vendido los derechos de sus superhéroes más populares, Marvel necesitaba una nueva visión para poder dar la pelea otro día más.

Su visión zigzagueante estaba compuesta de tres cosas. Primero, decidieron centrarse en las películas en vez de los cómics, un cambio radical de su enfoque anterior basado en la pluma y la tinta.

En segundo lugar, aprovecharon varias de sus joyas restantes en su corona (como Thor y el Capitán América) como garantía para asegurar una enorme reserva de efectivo de 525 millones de dólares de Merrill Lynch.[58] Esto les permitió financiar su visión de realizar diez películas en los próximos años.

En tercer lugar, dada la experiencia de ToyBiz en la creación de juguetes, Marvel Enterprises decidió hacer películas con personajes menores que pocos recordaban, eligiendo grandes personajes de superhéroes que también serían excelentes juguetes. ¿Qué personajes? Marvel sabiamente no dejó la decisión de seleccionar el héroe de acción a los ejecutivos del estudio. Más bien, prestaron atención al usuario final: los niños que van al cine. Más específicamente, los niños que probablemente comprarían productos con temas de películas para jugar en casa. «Marvel reunió a varios grupos de niños, les mostró imágenes de sus superhéroes y les describió sus habilidades y sus armas», dijo el autor Ben Fritz, explicando cómo eligió Marvel al ganador. «Luego les preguntaron a los chicos con cuáles les gustaría jugar. La respuesta abrumadora, para sorpresa de muchos en Marvel, fue Iron Man».[59]

La visión zigzagueante de presentar personajes menos conocidos valió la pena. La primera entrega de Iron Man ganó 585.2 millones de dólares en todo el mundo; Iron Man 2 ganó 623.9 millones de dólares a nivel mundial, mientras que Iron Man 3 recaudó más de 1,2 mil millones de dólares en taquilla, lo que elevó las ganancias de la franquicia de las tres películas a más de 2.4 mil millones de dólares, sin incluir juguetes, bandas sonoras y licencias.[60] No es de extrañar que Disney haya comprado Marvel en el 2009 por cuatro mil millones de dólares.[61]

Desde entonces, Marvel ha demostrado una y otra vez su capacidad para tomar superhéroes desconocidos de las páginas de sus desgastados cómics y convertirlos en taquillas y licencias de oro. Observa por ejemplo a Black Panther, un personaje pasado por alto que había sido creado hace cincuenta años. Cuando Panther se abalanzó a la taquilla, las ventas globales superaron los 1,3 mil millones de dólares, haciéndola la décima película en superar ese punto de referencia.[62] Con respecto a su visión de crear películas que conduzcan a la venta de megamercancía, se estimó que Panther «generaría casi 250 millones de dólares en ventas de mercancías con licencia en 2018».[63]

Hoy, el universo cinematográfico de Marvel reina en la taquilla, con múltiples franquicias de miles de millones de dólares, incluyendo Iron Man, Los vengadores Avengers, Spider-Man y X-Men.[64] Y, mientras escribo este libro, Los vengadores de Marvel: *Endgame* tuvo un récord de 1,2 mil millones de dólares en venta de boletos en todo el mundo, en su primer fin de semana de lanzamiento.[65] Todo de una compañía que, para recordar a Miracle Max, estaba casi muerta.

El zigzagueo en la etapa de muerte

Las compañías mueren. Eso pasa todos los días. Se quedan sin efectivo. No pueden pagar a sus empleados, a sus proveedores, a sus acreedores y se retiran. Pero, incluso en ese estado, es posible zigzaguear; y muchas notables compañías Lázaro han regresado de la muerte aun en contra de todas las expectativas. Aquí contaré solo una historia con dos zigzagueos en el estado de muerte. Noventa millones de usuarios mensuales se benefician del primer zigzagueo,[66] y más de diez millones de usuarios diarios[67] se benefician del segundo, incluidos mi compañía y yo, y apuesto que muchos de ustedes también.

Stewart Butterfield es un tipo divertido y juguetón. Puede deberse al hecho de que fue criado por padres hippies. En el 2002, fundó Ludicorp para construir un juego de rol de computadora llamado Game Neverending. Irónicamente, terminó dos años después. Pero la tecnología tras el juego dio a luz a Flickr, una aplicación para compartir y administrar fotos en línea, la cual se vendió a Yahoo el 20 de marzo de 2005 por unos 35 millones de dólares.[68] Ese es el zigzagueo número uno.

Luego, en el 2009, Butterfield lanzó una nueva empresa de tecnología, Tiny Speck, con oficinas en Canadá y Estados Unidos. Una vez más, trató de crear un juego en navegador para multijugadores, Glitch. Cuatro años y más de 10 millones de dólares más tarde, Glitch cerró porque no podía generar una audiencia lo suficientemente grande.[69] Pero ese no fue un «fin» definitivo para Tiny Speck. Cuando Glitch falló, la compañía se disolvió, excepto Butterfield y algunos miembros destacados. Ellos se dieron cuenta de que podrían obtener un activo de las cenizas, algo que Butterfield había realizado antes con el conocimiento tecnológico de Ludicorp cuando esa compañía colapsó. En este caso era una plataforma de comunicaciones que el equipo había creado para cerrar la brecha entre sus dos oficinas. ¿Qué pasaría si pudieran ofertar ese sistema para otras compañías con múltiples oficinas y trabajadores remotos?[70] Diez millones de usuarios y 85.000 compañías llaman a Slack la respuesta a esa pregunta, y utilizan aplicaciones móviles y de escritorio todos los días.[71] Gracias a la visión zigzagueante lo secundario se convirtió en lo principal.

El fracaso es normal. Lo que es inusual es el éxito. Pero una de las desafortunadas razones por las que es inusual es porque las personas se rinden cuando chocan contra la pared. La verdad es que puedes tener una idea importante justo debajo de tu nariz y ni siquiera saberlo. A veces, nuestros mejores activos no se pueden ver hasta que el fracaso elimina las distracciones. Amo a Slack por la forma en que mejora la vida de nuestro equipo. Pero también me encanta porque nos recuerda lo que se necesita para ganar en los negocios: una solución a un

A veces, nuestros mejores **activos** no se pueden ver hasta que el **fracaso** elimina las distracciones.

problema, simple y divertido de usar, que proviene de un lugar de apertura y optimismo.

Butterfield zigzagueó no una, sino dos veces, y terminó con Slack, una compañía valorada en más de 1,12 mil millones de dólares en el primer año y que alcanzó 2 mil millones de dólares más rápido que cualquier otra empresa en el estado de inicio en la historia.[72] Y aquí está la parte realmente genial. Debido a que Slack ha tenido tanto éxito financiero, ellos, a su vez, han realizado inversiones en más de cuarenta emprendimientos adicionales.[73] La muerte de Tiny Speck produjo a Slack mientras daba a luz a docenas de emprendimientos. Ese es el poder de la visión zigzagueante.

VISUALIZAR

VERIFICAR LA CLARIDAD

VERIFICAR LA INSPIRACIÓN

VERIFICAR LO PRÁCTICO

VENDERLA

VENCER LA RESISTENCIA

ZIGZAGUEAR CUANDO SEA NECESARIO

De todo lo que cubrimos en las preguntas 3 a 9, surge un proceso directo para que lleves una visión desde la idea hasta la realidad. ¿Estás listo para hacer realidad tu visión?

El zigzagueo permanente

Zigzaguear no es algo que suceda una vez y en un momento específico. Tampoco es algo que ocurra de la noche a la mañana. Bien usada, la visión zigzagueante es una mentalidad continua. El líder guiado por la visión entiende que siempre hay un mejor futuro que vale la pena ver nuevamente. Cada compañía encuentra obstáculos y oportunidades para hacer un giro, zigzaguear, y para ajustar su visión. Cómo y cuándo dependen de alguna manera del punto en que se ubiquen en el arco de la visión. Al observar el horizonte, los líderes no perderán su momento soleado, llevando a sus empresas a un destino futuro en el que realmente puedan brillar.

Si todavía estás tentado a preguntarte si es demasiado tarde para que tu compañía se recupere o forje un nuevo curso, solo recuerda a Amazon, Apple, Microsoft y Marvel para que te inspires. En los cuatro casos, vemos el poder transformador de una visión vibrante y convincente en el trabajo, que les permitió cambiar la trayectoria de sus negocios para mejorar. También sabían que su visión siempre debe renovarse si quieren prosperar y crecer. Y es por eso que tu empresa necesita un líder guiado por la visión. De modo que, la única pregunta que queda por hacer en este momento es: ¿Estás listo?

¿Estás listo?

Prepárate para el camino por recorrer

Algunos hombres miran las cosas como son y se preguntan «¿por qué?». He soñado con cosas que nunca han ocurrido y digo: «¿Por qué no?».

GEORGE BERNARD SHAW[1]

Desde hace varios años, los economistas y otros observadores han notado la falta de energía económica de Estados Unidos, sobre todo como lo demuestra la disminución del número de nuevos emprendimientos. Los emprendedores han disminuido. La innovación ocurre cada vez más en las empresas existentes. Y existe menos rotación económica, lo que significa un crecimiento general más lento. Algunos titulares representativos incluían los siguientes:

- «La misteriosa muerte del emprendimiento en Estados Unidos»

- «Tras la caída de la productividad: menos emprendimientos»
- «Los emprendimientos ya no son geniales»
- «El espíritu emprendedor está desapareciendo en Estados Unidos»
- «El escenario de los emprendimientos en Estados Unidos luce anémico»
- «El emprendimiento estadounidense está desapareciendo»
- «El dinamismo en retroceso»[2]

Las teorías y explicaciones abundan. Algunos dicen que la causa es una mayor regulación. Otros apuntan a menores ahorros personales con los cuales podrían comenzar nuevas empresas. Como en cualquier situación compleja, es probable que haya muchos factores que contribuyan, pero cualquier contabilidad estaría incompleta si no tuviera en cuenta la falta de visión.

Tienes que dar el siguiente paso. El mundo necesita tu visión.

Es revelador, cuando la revista *Inc.* preguntó a sus lectores cuál de diferentes factores impidió el lanzamiento de los posibles emprendedores, las dos respuestas más seleccionadas no fueron barreras competitivas, falta de habilidades, la alta tasa de fracaso empresarial o impuestos y regulaciones. Más bien, dijeron: «No tengo idea» (cuarenta por ciento de los encuestados) y «No creo que pueda recaudar suficiente dinero» (cuarenta y ocho por ciento de los encuestados).[3] Esos son problemas de visión. O los futuros empresarios no tienen visión, o no es lo suficientemente convincente como para venderla a los inversores.

Espero que este libro pueda ayudarte, como líder guiado por la visión, a cambiar las estadísticas. ¿Estás listo? Es la pregunta final del libro y, de alguna manera, la más importante. En la primera parte, te mostré la importancia vital de la visión para los líderes que desean construir negocios prósperos y exitosos. En la segunda parte, te mostré cómo crear un guion de la visión convincente para tu compañía y poder incorporarla a tu equipo. En la tercera parte, expuse cómo superar obstáculos y dar un giro en cualquier etapa en la que te encuentres actualmente. Pero tienes que dar el siguiente paso. El mundo necesita tu visión.

Oportunidades perdidas

En 1876, William Orten, presidente de Western Union, fue contactado por Alexander Graham Bell con una oferta para comprar la patente del teléfono de Bell por 100.000 dólares, aproximadamente dos millones en la actualidad. Western Union comandaba el noventa por ciento del negocio de telégrafos, que hasta hoy era un paso considerable desde las palomas mensajeras y el Pony Express. Pero el teléfono representaba un avance completamente nuevo.

Orten, como Kodak y la cámara digital o todos los inversores que transmitieron la idea que se convirtió en Zappos, no lo vio así. Descartando el invento de Bell, Orten le escribió una carta, diciendo: «Aun cuando es una novedad muy interesante, hemos llegado a la conclusión de que no tiene posibilidades comerciales... ¿Qué uso podría esta compañía hacer de un juguete eléctrico?».[4] Aproximadamente treinta años después del rechazo de Orten al invento de Bell, Western Union fue adquirida por una empresa con una visión más amplia, la American

Telephone & Telegraph Company, la cual la mayoría de nosotros conocemos como AT&T. Eso duele. Esas oportunidades no vuelven, ¿o sí?

Cuando aparecieron nuevas visiones, incluso un poco alocadas, para ser empresas como Airbnb, Uber, eBay, DoorDash, Dollar Shave Club y Amazon, muchas personas las vieron como exageradas y absurdas. Antes de que Amazon se convirtiera en el gigante que es hoy, fue escrutado por los analistas de Wall Street con «gran escepticismo».[5] Un periodista dijo que Amazon «nunca sería una compañía de Internet de alto crecimiento, muy rentable y supereficiente. El único lugar donde vive esa compañía es en los libros de historia y en la poderosa imaginación de Jeff Bezos».[6] ¿Quién se está riendo ahora?

El camino al olvido

En el transcurso de mi vida he visto compañías legado con huellas globales dominantes, que emplearon a decenas de miles de trabajadores y que poseían un reconocimiento estelar de la marca, pero que luego cayeron en el olvido o, casi tan malo, en la irrelevancia.

Considera a Kodak, Blockbuster, Nokia, Borders Books and Music, Radio Shack, Circuit City, Toys «R» Us, Atari, Eastern Airlines, Tower Records, Woolworth's, Swissair, The Sharper Image, Sunbeam Products, Pan Am, Lionel Corporation, Atkins, JC Penney, Commodore Computers, Bethlehem Steel, Motorola, Kmart y Sears, por nombrar solo algunas. ¿Qué pasó? ¿Por qué estas grandes marcas se durmieron, se desplomaron y cayeron en crisis, o en algo peor?

Numerosos factores participaron, incluidos los cambios económicos y tecnológicos masivos. Pero otra respuesta subyace a todos: en los momentos clave de la vida de su organización, carecieron de visión. Por una serie de razones, no pudieron evaluar su realidad actual y miraron más allá para anticipar dónde *podrían* y *deberían* estar. O, si dieron ese paso, no pudieron ejecutar su visión.

Como lo escribió Arthur C. Clarke: «Con monótona normalidad, los hombres aparentemente competentes han dictado la ley sobre lo que es técnicamente posible o imposible, y se ha demostrado que estaban equivocados; a veces, mientras la tinta apenas se secaba de sus plumas». ¿Por qué? Mencionó que todo se reduce a «fallas de imaginación» y «de nervios».[7]

No olvides las preguntas del restaurador Danny Meyer que se generaron anteriormente: «¿Cómo pudimos convertirnos en la compañía que nos sacaría del negocio?» y «¿Cómo podría ser este depredador y por qué tendría una ventaja sobre nosotros?». Alguien se está preguntando eso sobre tu negocio en este momento. Necesitas responder antes que ellos.

Tu jugada

Respondiendo a la última pregunta: ¿Estás listo? Implica hacerse otras preguntas, comenzando con: ¿Qué tipo de líder eres? ¿Eres alérgico a arriesgarte? ¿Estás contento con el *status quo*? ¿Tiendes a seguir un mapa existente en lugar de trazar un nuevo territorio? ¿Estás enfocado en el resultado final más que en el horizonte? ¿Se debe esto a que no has visto (hasta ahora) el valor de hacer «lo de la visión»?

Si es así, tienes mucho en común con un gerente como el presidente George H. W. Bush. No te preocupes. Todavía hay tiempo para convertirse en un líder guiado por la visión aplicando el método del guion de la visión que discutimos anteriormente. Esa es una decisión que solo tú puedes tomar.

Por otro lado, ¿estás cansado de hacer lo mismo año tras año? ¿Te preocupa perder futuras oportunidades? ¿Te sientes cómodo definiendo y estableciendo una dirección? ¿Tiendes a vigilar el horizonte en lugar del momento? Excelente. Es hora de alimentar a tu John F. Kennedy interno. Las herramientas de este libro te ayudarán a identificar y ejecutar tu lanzamiento a la luna.

Cada guion de la visión es único, pero he aprendido que cada nueva iniciativa presenta un conjunto predecible de desafíos. No interesa si estás iniciando un negocio, liderando una división dentro de una organización o si has sido promovido como director ejecutivo de una compañía, debes dar cinco pasos para tener éxito en el desarrollo y la entrega de un guion de la visión que definirá tu futuro.

1. Prográmalo. Muchas personas omiten este paso. No lo hagas tú. Algo sucede cuando reservas el tiempo necesario. Es una forma de enfocar tu intención y aclarar lo que deseas lograr. Marca el tiempo en tu calendario y comienza a reunir todo lo que necesites para ayudarte a responder la pregunta 3: ¿Qué quieres? Lanzar una nueva visión es difícil, y probablemente tengas más por hacer de lo que puedes dar por hecho. ¿Cómo podrías hacer tiempo para una cosa más? Es mejor preguntar: ¿Cómo no podría hacer? El guion de la visión en VisionDriven-Leader.com te ayudará a hacer un uso más eficiente de este tiempo.

2. Consigue el aporte necesario. Una cosa que aprendí de mi padre es que es posible hacer casi cualquier cosa si estás dispuesto a rodearte de un buen consejo. Si bien la creación de un guion de la visión convincente es tu responsabilidad como líder, invitar a varios miembros de tu equipo de liderazgo a embarcarse en este viaje contigo, o al menos estar dispuestos a brindarte una retroalimentación temprana, hace que la tarea sea menos abrumadora.

3. Confía en el proceso. Esto es enorme. Por lo general, cuando asumo algo realmente grande, solo tengo una vaga idea de cómo llegar del punto A al punto B. Tengo suficiente luz para dar el siguiente paso, y eso casi siempre es suficiente. Cuando doy ese paso, lo siguiente que necesito aparece por sí solo o me doy cuenta de cómo obtenerlo. Pero eso no habría ocurrido si no confiara en que así ocurriría y hubiera comenzado con el primer paso.

Recuerda, saldrás del mapa a un territorio nuevo y desconocido. No tendrás todas las respuestas definidas al principio. Encontrar el guion de la visión es un proceso de descubrimiento. Examina tus respuestas a las preguntas formuladas en la segunda parte:

- ¿Qué quieres?
- ¿Es clara?
- ¿Inspira?
- ¿Es práctica?
- ¿Puedes venderla?

A medida que lo hagas, tu visión tomará forma.

4. Haz ajustes sobre la marcha. El guion de la visión no es cosa de una sola vez. Como dije anteriormente, no eres Moisés bajando la montaña con unas tablas de piedra que no pueden ser cambiadas. Es tu visión. Tienes la libertad y la flexibilidad para repensar, revisar y reestructurar en función de cualquier número de factores, incluidos los aportes de tu equipo.

La perfección es solo otra forma de decir procrastinación. Y no tienes tiempo para eso. Tu equipo está esperando ver lo que tú **ves.**

No hay policías de la visión esperando para ponerte una multa por no haberlo logrado en el primer paso. Y nunca llegarás al segundo o tercer borrador si no escribes el primero. Saber que puedes realizar ajustes en el camino te quita la presión de tratar de ser perfecto con tu versión inicial.

5. Atrévete y lánzate. En algún momento, debes vender la visión y luego comenzar a ejecutarla. A medida que entreno a líderes, a menudo encuentro reticencia a finalizar el plan y ponerlo en práctica. Continúan jugando con él, esperando que sea perfecto. Resiste la tentación. «Un buen plan ejecutado violentamente ahora es mejor que un plan perfecto ejecutado la próxima semana», como lo mencionó una vez el general George Patton.[8] La perfección es solo otra forma de decir procrastinación. Y no tienes tiempo para eso. Tu equipo está esperando ver lo que tú ves.

El futuro de ser guiado por la visión

Como hemos visto una historia tras otra, los líderes guiados por la visión dan vida a las compañías muertas o moribundas (evoca a Marvel). Ellos innovan con nuevos productos de vanguardia (piensa en Apple). Crean negocios que nunca antes existieron (medita en Airbnb). Y les dan a sus empleados la dirección y el enfoque necesarios para infundir su cultura con una energía y propósito nuevos (piensa en Microsoft).

En mi propia vida como emprendedor y ejecutivo, he visto la visión como el ingrediente esencial de mi liderazgo: una vez, cuando me faltó tener una visión y perdí mi negocio; y muchas veces la visión me impulsó a lograr más de lo que sabía que era capaz.

Entonces, volviendo a nuestra pregunta: ¿Estás listo? ¿No sería emocionante llevar a tu gente en la nueva y audaz dirección que quieres que vayan? ¿No te gustaría ver a tu equipo energizado por lo que depara el futuro para tu organización y para ti? Puedes hacerlo. Es tu turno para liderar y ganar con visión. Esperar te hace sentir seguro, pero esperar mata la visión. ¿A dónde llevarás a tu equipo ahora?

Inicia el guion de tu visión

El Vision Scripter, o redactor de la visión, es un sistema simple e interactivo que te permite crear tu guion de la visión de una manera más fácil y rápida.

Pruébalo gratis en VisionDrivenLeader.com

Notas

Pregunta 1 ¿Eres líder o gerente?

1. John F. Kennedy, comentarios en Assembly Hall en Paulskirche, en Frankfurt, 25 de junio de 1963, https://www.jfklibrary.org/asset-viewer /archives/JFKWHA/1963/JFKWHA-199/JFKWHA-199.

2. Craig Allen, *Eisenhower and the Mass Media* (Chapel Hill: University of North Carolina Press, 1993), 163.

3. John F. Kennedy, «Mensaje especial al Congreso sobre las urgentes necesidades nacionales», expuesto antes de la sesión conjunta del Congreso, 25 de mayo de 1961, https://www.jfklibrary.org/asset-viewer/archives /JFKPOF/034/JFKPOF-034-030.

4. Yanek Mieczkowski, *Eisenhower's Sputnik Moment* (Ithaca: Cornell University Press, 2013), 268.

5. J. D. Hunley, ed., *The Birth of NASA* (Washington, DC: NASA History Office, 1993), xxvi.

6. Roger D. Launius, «Encuestas de opinión pública y percepciones, en EE.UU., acerca del vuelo espacial humano», *Science Direct*, PDF del 11 de junio de 2019, https://www.sciencedirect.com/science/article/abs /pii/S0265964603000390.

7. Kennedy, «Mensaje especial al Congreso sobre las urgentes necesidades nacionales».

8. Robert Ajemian, «¿Dónde está el verdadero George Bush?», *Time*, 26 de enero de 1987, http://content.time.com/time/magazine/article /0,9171,963342,00.html.

9. Margaret Garrard Warner, «Bush lucha contra el "factor debilucho"» *Newsweek*, 19 de octubre de 1987, https://www.newsweek.com /bush-battles-wimp-factor-207008.

10. Stephen Knott, «George H. W. Bush: Campañas y elecciones», MillerCenter.org, 18 de febrero de 2019, https://millercenter.org/ president/bush/campaigns-and-elections.

11. Seth Godin, *Tribes* (New York: Penguin Group, 2008), 137.

12. Noel Tichy y Ram Charan, «Velocidad, simplicidad, confianza en uno mismo: una entrevista con Jack Welch», *Harvard Business Review*, septiembre-octubre de 1989, https://hbr.org/1989/09/speed-simplicity -self-confidence-an-interview-with-jack-welch.

13. Warren Bennis, *On Becoming a Leader* (Philadelphia: Basic Books, 2009), 42.

14. Bill Jerome y Curtis Powell, *The Disposable Visionary* (Santa Barbara: Praeger, 2016), xv.

15. Sheryl Sandberg, «La escala de la visión», Stanford Technology Ventures Program, 22 de abril de 2009, https://ecorner.stanford.edu/video /the-scaling-of-vision.

16. Podrías, por ejemplo, tener contratos o requisitos de inversión que hagan necesario un período de tiempo más extenso. De igual forma, la complejidad o el alcance de tu negocio puede requerir más visiones de largo alcance.

17. Jeffrey A. Kottler, *Lo que no sabe del liderazgo, pero probablemente debería* (Ciudad de México: Editorial El Manual Moderno, 2019), 11.

18. Bonnie Hagemann, Simon Vetter, y John Maketa, *Leading with Vision* (Boston: Nicholas Brealey, 2017), xiv.

19. Herminia Ibarra, *Act Like a Leader, Think Like a Leader* (Boston: Harvard Business Review Press, 2015), 43. Curiosamente, Ibarra agrega que «las mujeres son más propensas que los hombres a calificar un déficit en esta dimensión» (195). Si eso es cierto, me parece una oportunidad poderosa y una fuente de ventaja competitiva para las mujeres líderes que sobresalen en la visión o desean hacerlo. Ver Herminia Ibarra y Otilia Obodaru, «Las mujeres y el asunto de la visión», *Harvard Business Review*, enero del 2009, https://hbr. org/2009/01/women-and-the-vision-thing.

20. Suzanna Bates, *All the Leader You Can Be* (New York: McGraw-Hill, 2016), 45.

Pregunta 2 ¿Qué diferencia hace la visión?

1. Yogi Berra, *The Yogi Book* (New York: Workman, 2010), 132.

2. «George Eastman», Kodak.com, https://www.kodak.com/US/en /corp/aboutus/heritage/georgeeastman/default.htm.

3. Claudia H. Deutsch, «En Kodak, algunas cosas viejas vuelven a ser nuevas», *New York Times*, 2 de mayo de 2008, https://www.nytimes.com /2008/05/02/technology/02kodak.html.

4. Mary Elaine Ramos, «Kodak: The Biggest Corporate Casualty in the Digital Age?», *International Business Times*, 25 de enero de 2012, https://www.ibtimes.com.au/kodak-biggest-corporate-casualty-digital -age-1292792.

5. Robert Strohmeyer, «Las siete peores predicciones tecnológicas de todos los tiempos», *PCWorld*, 31 de diciembre de 2008, www.pcworld .com/article/155984/worst_tech_predictions.html.

6. David Sheff, «Playboy entrevista: Steve Jobs», *Playboy*, febrero de 1985, http://reprints.longform.org/playboy-interview-steve-jobs.

7. Brent Schlender y Rick Tetzeli, *Becoming Steve Jobs* (New York: Crown, 2015), 408.

8. Sheff, «Playboy entrevista: Steve Jobs».

9. Schlender y Tetzeli, *Becoming Steve Jobs*, 58.

10. Caroline Cakebread, «La gente tomará 1,2 billones de fotos digitales este año gracias a los teléfonos inteligentes», *Business Insider*, 31 de agosto de 2017, https://www.businessinsider.com.au/12-trillion-photos -to-be-taken-in-2017-thanks-to-smartphones-chart-2017-8.

11. Hunter Schwarz, «¿Cuántas fotos han sido tomadas?», *BuzzFeed*, 24 de septiembre de 2012, https://www.buzzfeed.com/hunterschwarz /how-many-photos-have-been-taken-ever-6zgv.

12. Ver este artículo en Quote Investigator: https://quoteinvestigator.com /2012/09/27/invent-the-future.

13. Linda Musthaler, «30 años después, Compaq deja un legado que te beneficia», *Network World*, 9 de noviembre de 2012, https:// www.networkworld.com/article/2161331/30-years-later-compaq- leaves-a-legacy-that-benefits-you.html.

14. Musthaler, «30 años después, Compaq deja un legado que te beneficia».

15. Saul Hansell, «Compaq compra Digital Equipment for $9.6 mil millones», *New York Times*, 27 de enero de 1998, movies2. nytimes.com/library/cyber/week/012798digital-side.html.

16. Musthaler, «30 años después, Compaq deja un legado que te beneficia».

17. Hansell, «Compaq compra Digital Equipment for $9.6 mil millones».

18. Dave Farquhar, «¿Por qué fracasó Compaq?», *Silicon Underground*, 15 de marzo de 2018, https://dfarq.homeip.net/why-did- compaq-fail.

19. Scott Pendleton, «El paso de cadáver, de Compaq, a conquistador del mercado de las computadoras personales», *Christian Science Monitor*, 14 de febrero de 1995, https://www.csmonitor.com/1995/ 0214/14081.html.

20. Farquhar, «¿Por qué fracasó Compaq?».

21. Mikey Campbell, «Según los informes, Jawbone está cerrando negocios en medio de la crisis financiera, un nuevo Health Startup surgirá de las cenizas», AppleInsider.com, 6 de julio de 2017, appleinsider.com /articles/17/07/06/jawbone-reportedly-shuttering-business-amidst-financial-turmoil-new-health-startup-to-rise-from-ashes.

22. Reuters, «El fallecimiento de Jawbone es un caso de "muerte por exceso de fondos", en Silicon Valley», CNBC.com, 10 de julio de 2017, https://www.reuters.com/article/us-jawbone-failure/jawbo nes-demise-a-case-of-death-by-overfunding-in-silicon-valley-idUSK BN19V0BS.

23. «Fitness Wearables induce a Jawbone a liquidar», News.com.au, 11 de Julio de 2017, www.news.com.au/finance/business/technology /fitness-wearables-maker-jawbone-goes-into-liquidation/news-story /737dc3e64dd0907c021c0a40f841f652.

24. Carmine Gallo, «Steve Jobs: deshazte de la porquería», *Forbes*, 16 de mayo de 2011, https://www.forbes.com/sites/carminegallo/ 2011/05/16/steve-jobs-get-rid-of-the-crappy-stuff/#68a927f57145.

25. Gallo, «Steve Jobs: deshazte de la porquería».

26. Gallo, «Steve Jobs: deshazte de la porquería».

27. Oliver Kmia, «¿Por qué Kodak murió y Fujifilm prosperó?», Petapixel.com, 19 de octubre de 2018, https://petapixel.com/2018/10 /19/why-kodak-died-and-fujifilm-thrived-a-tale-of-two-film-companies/.

28. Kmia, «¿Por qué Kodak murió y Fujifilm prosperó?

29. James M. Kouzes y Barry Posner, «Liderar, crear y compartir la visión», *Harvard Business Review*, enero de 2009, https://hbr.org /2009/01/to-lead-create-a-shared-vision.

30. Ibarra, *Act Like a Leader*, 43–44.

31. Heike Bruch y Sumantra Ghoshal, «Cuidado, gerente ocupado», *Harvard Business Review*, febrero de 2002, https://hbr.org/ 2002/02/beware-the-busy-manager.

32. Carmine Gallo, «18,000 páginas de archivos de la NASA exponen la estrategia del discurso de JFK que inspiró el alunizaje», *Forbes*, 11 de octubre de 2018, https://www.forbes.com/sites/carminegallo/2018/10 /11/18000-pages-of-nasa-archives-uncovers-jfks-speech-strategy-that -inspired-the-moon-landing.

33. Jon Reynolds y Ben Medlock, «SwiftKey se une a Microsoft», *SwiftKey Blog*, 3 de febrero de 2016, https://blog.swiftkey.com/microsoft -acquires-swiftkey.

34. Harry Shum, «Microsoft adquiere SwiftKey para apoyar la reinvención de la ambición por la productividad», *Official Microsoft Blog*, 3 de febrero de 2016, https://blogs.microsoft.com/blog/2 016/02/03/microsoft-acquires-swiftkey-in-support-of-re-inventing- productivity-ambition.

35. Ingrid Lunden y Mike Butcher, «Microsoft confirma la compra de SwiftKey (por 250 millones de dólares en efectivo)», TechCrunch.com, 3 de febrero de 2016, https://techcrunch.com/2016/02/03/microsoft-confirms-swiftkey-acquisition-for-250m-in-cash.

36. Aamna Mohdin, «El cofundador de SwiftKey vendió sus acciones por una bicicleta y perdió una parte de 250 millones de dólares», Quartz.com, 4 de febrero de 2016, https://qz.com/610144/swiftkeys-co-founder-sold-his-shares-for-a-bicycle-and-missed-out-on-a-share-of-250-million.

37. «Henry Ford cambia al mundo, 1908», EyeWitness to History, www.eyewitnesstohistory.com/ford.htm.

38. Henry Ford, *My Life and Work* (New York: Doubleday, 1923), 73.

Pregunta 3 ¿Qué quieres?

1. Alan Jackson y David Byers, «Bob Dylan dice que Barack Obama está "cambiando" a Estados Unidos», *London Times*, 5 de junio de 2008.

2. Karl Taro Greenfeld, «Ciego al fracaso», *Time*, 18 de junio de 2001, http://content.time.com/time/world/article/0,8599, 2047596,00.html.

3. Michael D'Estries, «El Monte Everest, en calentamiento, está dando sus muertos», MNN.com, 28 de marzo de 2019, https://www.mnn.com/earth-matters/climate-weather/blogs/warming-mount-everest-giving-its-dead.

4. Christine Wang, «Erik Weihenmayer: La única forma de subir al Everest es ir a hacerlo», CNBC.com, 4 de abril de 2016, www.cnbc.com/2016/04/04/erik-weihenmayer-the-only-way-to-climb-everest-is-to-go-do-it.html.

5. Greenfeld, «Ciego al fracaso».

6. Peter Economy, «Cinco preguntas esenciales para emprendedores», *Inc.*, 5 de septiembre de 2013, https://www.inc.com/peter-economy/5-essential-questions-entrepreneurs.html.

7. Citado en Steven Johnson, *Farsighted* (New York: Riverhead, 2018), 81.

8. Jenny Blake, *Pivot* (New York: Portfolio, 2016), 55.

9. Newsweek Special Edition, «Michael Jordan no jugó en el equipo estelar de la secundaria, al principio», *Newsweek*, 17 de octubre de 2015, https://www.newsweek.com/missing-cut-382954.

10. Newsweek Special Edition, «Michael Jordan no jugó en el equipo estelar de la secundaria».

11. Roger Connors y Tom Smith, *The Wisdom of Oz* (New York: Penguin, 2014), 115.

12. Rachel Gillett, «Cómo se recuperaron Walt Disney, Oprah Winfrey y otras 19 personas exitosas después de ser despedidas», *Inc.*, 7 de octubre de 2015, https://www.inc.com/business-insider/21-successful-people-who-rebounded-after-getting-fired.html.

13. «Famosos que pasaron de fracasos a historias de éxito», CBSNews .com, https://www.cbsnews.com/pictures/celebs-who-went-from-failures-to-success-stories.

14. Burt Nanus, *Visionary Leadership* (San Francisco: Jossey-Bass, 1992), 31.

15. Warren Berger, *The Book of Beautiful Questions* (New York: Bloomsbury, 2018), 173.

16. Berger, *Book of Beautiful Questions*, 173–75.

17. Zach St. George, «La curiosidad depende de lo que ya sabes», *Nautilus*, 25 de febrero de 2016, http://nautil.us/issue/33/attraction/curiosity-depends-on-what-you-already-know.

18. Ver David C. Robertson, *Brick by Brick* (New York: Crown Business, 2013), 145–50.

19. Herminia Ibarra makes the same point in *Act Like a Leader*, 42.

Pregunta 4 ¿Es clara?

1. Beau Lotto, *Deviate* (London: Weidenfeld & Nicolson, 2017), 296.

2. Heiki Bruch y Bernd Vogel, *Fully Charged* (Boston: Harvard Business Review Press, 2011), 88.

3. Hagemann et al., *Leading with Vision*, 55–56.

4. La distinción concreto-abstracto es una forma bastante común de hablar sobre el lenguaje. La distinción implícita-explícita se adapta de la distinción tácita-explícita de Michael Polanyi. Ver, por ejemplo, Polanyi's *Personal Knowledge* (Chicago: University of Chicago Press, 1962) y *The Tacit Dimension* (Chicago: University of Chicago Press, 1966).

5. Blake, *Pivot*, 60. Blake describe visiones profesionales personales, pero creo que su visión también se aplica a enfoques organizacionales más grandes.

6. Karen Martin, *Clarity First* (New York: McGraw-Hill, 2018), 18–26.

7. Proverbs 15:22.

8. Blake, *Pivot*, 56.

9. Martin, *Clarity First*, 30.

Pregunta 5 ¿Inspira?

1. Richard Sheridan, *Chief Joy Officer* (New York: Portfolio, 2018), 87.

2. Basharat Peer, «La chica que quería ir a la escuela», *New Yorker*, 10 de octubre de 2012, https://www.newyorker.com/news/news-desk/the-girl-who-wanted-to-go-to-school.

3. Peer, «La chica que quería ir a la escuela».

4. Kate Douglas y Anna Poletti, *Life Narratives and Youth Culture* (London: Palgrave Macmillan, 2016), 207.

5. Owais Tohid, «Mis conversaciones con Malala Yousafzai, la niña que se enfrentó a los talibanes», *Christian Science Monitor*, 11 de octubre de 2012, https://www.csmonitor.com/World/Global-New s/2012/1011/My-conversations-with-Malala-Yousafzai-the-girl-who -stood-up-to-the-Taliban.

6. Malala Yousafzai, «La historia de Malala», Malala Fund, https://www.malala.org/malalas-story.

7. «Angelina Jolie dona $200.000 a la organización Malala Fund», *HuffPost*, 5 de abril de 2013, www.huffpost.com/entry/angelina-jolie-malala-charity_n_3019303. «Cómo trabajamos las subvenciones: The Malala Fund», Bill & Melinda Gates Foundation, www.gate sfoundation.org/How-We-Work/Quick-Links/Grants-Database/Gra nts/2016/12/OPP1166109. Katie Reilly, «Apple Is Partnering with Malala's Non-Profit to Educate More Than 100,000 Girls», *Time*, 22 de enero de 2018, https://time.com/5112439/apple-malala-fund.

8. Linda Poon, «Este es un ejemplo de radio verdaderamente educativa», NPR.org, 18 de febrero de 2015, https://www.npr.org/sections /goatsandsoda/2015/02/18/387027766/now-this-is-an-example-of-truly-educational-radio.

9. Mary Bellis, «Hailing: historia del taxi», ThoughtCo.com, 24 de febrero de 2019, https://www.thoughtco.com/hailing-history-of-the-taxi-1992541.

10. Schaller Consulting, «El libro de hechos de la ciudad de Nueva York», http://schallerconsult.com/taxi.

11. Dan Blystone, «La historia de Uber», Investopedia.com, 31 de marzo de 2019, https://www.investopedia.com/articles/personal-finance/111015/story-uber.asp.

12. Hamish McRae, «Facebook, Airbnb, Uber y el aumento inde-tenible de los no generadores de contenido», *Independent*, 5 de mayo de 2015, https://www.independent.co.uk/news/business/comment/h amish-mcrae/facebook-airbnb-uber-and-the-unstoppable-rise-of-the-content-non-generators-10227207.html.

13. Duncan J. Watts, *Everything Is Obvious* (New York: Crown, 2011).

14. «Número mensual de usuarios activos de Uber en todo el mundo desde 2016 hasta 2018 (en millones)», Statista.com, retrieved 1 de abril de 2019, www.statista.com/statistics/833743/us-users-ride-sharing-services.

15. Kathryn Gessner, «Uber vs. Lyft: ¿Quién encabeza la batalla de las empresas estadounidenses de viaje compartido?», Segunda medida, 19 de julio de 2019, https://secondmeasure.com/datapoints/rideshare-industry-overview. Ver también Greg Bensinger y Chester Dawdon, «Toyota invierte quinientos millones de dólares en Uber en un convenio de autos sin conductor», *Wall Street Journal*, 27 de agosto de 2018, www.wsj.com/articles/toyota-investing-500-million-in-uber-in-driverless-car-pact-1535393774.

16. Press Release, «Apple reinventa el teléfono con el iPhone», Apple.com, 9 de enero de 2007, https://www.apple.com/newsroom/2007/01/09Apple-Reinvents-the-Phone-with-iPhone/.

17. Press Release, «Apple reinventa el teléfono con el iPhone».

18. Stephanie Buck, «Once jocosos detractores que criticaron el primer iPhone hace diez años», Timeline.com, 6 de enero de 2017, timeline.com/iphone-skeptics-611ea9de5d07.

19. PC World Editors, «El iPhone: Mucho que amar con errores y todo», *PC World*, 30 de junio de 2007, https://www.pcworld.com/article/133639/article.html.

20. Connie Guglielmo, «Hace diez años: Recordando la historia que Steve Jobs hizo con el iPhone», CNET.com, 9 de enero de 2017, https://www.cnet.com/news/iphone-at-10-apple-steve-jobs-make-iphone-history-remembering/.

21. Seth Porges, «El futuro: predecimos el auge del iPhone», Techcrunch.com, 6 de julio de 2007, https://techcrunch.com/2007/06/07/the-futurist-we-predict-the-iphone-will-bomb.

22. Comunicado de prensa, «Apple festeja el primer billón de iPhones», Apple.com, 27 de julio de 2016, https://www.apple.com/newsroom/2016/07/apple-celebrates-one-billion-iphones.

23. «A nadie le gustó...» es una expresión que he escuchado, que se le atribuye al empresario musical critiano Bill Gaither.

24. David Sax, *The Revenge of Analog* (New York: Public Affairs, 2016).

25. Ver la discusión de Nassim Nicholas Taleb en *Fooled by Randomness*, segunda edición (New York: Random House, 2005).

26. Aly Juma, «Cinco lecciones de los hermanos Wright y el poder del propósito», *Art Plus Marketing*, 7 de noviembre de 2017, https://artplusmarketing.com/5-lessons-from-the-wright-brothers-and-the-power-of-purpose-a9f49af89330.

27. Ver, por ejemplo, el capítulo 2 de Israel M. Kirzner's *Competition and Entrepreneurship* (Chicago: University of Chicago Press, 1978).

28. Sheridan, *Chief Joy Officer*, 89.

Pregunta 6 ¿Es práctica?

1. «Evelyn Berezin: 2015 Fellow», Computer History Museum, https://www.computerhistory.org/fellowawards/hall/evelyn-berezin. Emphasis added.

2. Matthew G. Kirschenbaum, *Track Changes* (Cambridge: Belknap, 2016), 149–55. Ver también Robert D. McFadden, «Muere Evelyn Berezin, 93, construyó el primer procesador de palabras verdadero», *New York Times*, 10 de diciembre de 2018, https://www.nytimes.com/2018/12/10/obituaries/evelyn-berezin-dead.html; y Jack Schofield, «Evelyn Berezin obituary», *Guardian*, 19 de diciembre de 2018, https://www.theguardian.com/technology/2018/dec/19/evelyn-berezin-obituary.

3. Gwyn Headley, «¿Por qué esta mujer no es famosa?, *From Harlech & London*, 20 de diciembre de 2010, http://fotolibrarian.fotolibra.com/?p=466.

4. Desde el 17 de julio de 2013, el comentario que Berezin dejó en la publicación de Headley.

5. Michael Schrage, «R&D no tendrá éxito si ignora la visión del director ejecutivo», *Harvard Business Review*, 13 de abril de 2015, https://hbr.org/2015/04/rt-succeed-if-it-ignores-the-ceos-vision.

6. Tommy Caldwell, *The Push* (New York: Viking, 2017), 179.

7. Caldwell, *The Push*, 194.

8. Heike Bruch y Sumantra Ghoshal, «Cuidado, gerente ocupado», *Harvard Business Review*, febrero del 2002, 63.

9. Brent D. Peterson y Gaylan W. Nielson, *Fake Work* (New York: Simon Spotlight, 2009).

10. Meng Zhu, «Por qué postergamos las cosas cuando tenemos plazos largos», *Harvard Business Review*, 4 de septiembre de 2018, https://hbr.org/2018/08/why-we-procrastinate-when-we-have-long-deadlines.

11. En *Libre para enfocarte* muestro cómo resguardar este tiempo usando mi herramienta de planificación de la semana ideal.

12. Caldwell, *The Push*, 316.

13. Jennifer Riel y Roger L. Martin, *Creating Great Choices* (Boston: Harvard Business School Press, 2017), 5.

14. Riel y Martin, *Creating Great Choices*, 5–8.

15. Jennifer Luna, «Jane Chen: sé valiente porque fallarás», Insights by Stanford Business, 31 de julio de 2017, www.gsb.stanford.edu/insights/jane-chen-be-courageous-because-you-will-fail. Ver también Karen Weise, «Jane Chen: una manera simple y efectiva de reducir la morta-lidad infantil», *Bloomberg Business Week*, 11 de abril de 2016, https://www.bloomberg.com/features/2016-design/a/jane-chen.

16. Helmuth von Moltke, *Moltke on the Art of War*, ed. Daniel J. Hughes (New York: Presidio, 1993), 92.

17. Megan Hyatt Miller, «Cómo lograr tus objetivos con este simple secreto», MichaelHyatt.com, 27 de mayo de 2016, https://michaelhyatt.com/nail-your-goals.

18. Caldwell, *The Push*, 233.

19. Laurie Beth Jones, *The Path* (New York: Hyperion, 1996), 86.

20. Andre Lavoie, «Cómo involucrar a los empleados a través de la declaración de visión de su empresa», *Entrepreneur*, 21 de marzo de 2017, https://www.entrepreneur.com/article/290803.

21. Bill Murphy Jr., «¿Trabajando con los mileniales? Gallup dice que todo lo que crees que sabes es errado», *Inc.*, 12 de mayo de 2016, www.inc.com/bill-murphy-jr/working-with-millennials-gallup-says-everything-you-think-you-know-is-wrong.html.

22. Richard Fry, «Los mileniales son la generación más grande en la fuerza laboral de EE. UU.», *Pew Research Center*, 11 de abril de 2018, https://www.pewresearch.org/fact-tank/2018/04/11/millennials-largest-generation-us-labor-force.

23. «Cómo quieren trabajar y vivir los mileniales», Everwise.com, 8 de febrero de 2017, https://www.geteverwise.com/company-culture/how-millennials-want-to-work-and-live.

24. Cited in Scott E. Page, *The Diversity Bonus* (Princeton: Princeton University Press, 2017), 52.

25. Andre Lavoie, «Cómo establecer una declaración de visión que los empleados no entiendan», *Entrepreneur*, 21 de abril de 2015, https://www.entrepreneur.com/article/245249.

Pregunta 7 ¿Puedes venderla?

1. Guy Kawasaki, *Selling the Dream* (New York: HarperCollins, 1991), 4.

2. Thomas Sowell, «El final de Montgomery Ward», *Controversial Essays* (Stanford: Hoover Institution Press, 2002), 36–38.

3. Gary Hoover, «El general Robert Wood: el hombre olvidado que cambió a Sears y al mundo», Archbridge Institute, 22 de agosto de 2018, https://www.archbridgeinstitute.org/general-robert-wood/.

4. Andy Stanley, *Visioneering*, rev. ed. (New York: Multnomah, 2016), 125.

5. Dan Ciampa, «En lo que los ejecutivos se equivocan acerca de la visión y cómo hacerlo bien», *MIT Sloan Management Review*, otoño de 2017, https://sloanreview.mit.edu/article/what-ceos-get-wrong-about -vision-and-how-to-get-it-right/.

6. Lotto, *Deviate*, 296.

7. James 1:19 NVI.

8. https://twitter.com/andystanley/status/103841035108630528.

9. Lou Solomon, «Las principales quejas de los empleados en cuanto a sus líderes», *Harvard Business Review*, 24 de junio de 2015, https://hbr.org /2015/06/the-top-complaints-from-employees-about-their-leaders.

Pregunta 8 ¿Cómo deberías enfrentar la resistencia?

1. Steven Church, «La fijación de Mike Tyson con la oreja y la mía», *Salon*, 6 de julio de 2013, https://www.salon.com/2013/07/05 /mike_tysons_ear_fixation_and_mine.

2. Mike Wall, «Preguntas frecuentes: el histórico vuelo de Alan Shepard como primer estadounidense en el espacio», Space.com, 4 de mayo de 2011, https://www.space.com/11562-nasa-american-spaceflight-alan -shepard-spaceflight-faq.html.

3. Nick Heath, «Héroes desconocidos de la NASA», *TechRepublic*, 20 de julio de 2018, https://www.techrepublic.com/article/nasas-unsung-heroes-the-apollo-coders-who-put-men-on-the-moon.

4. Heath, «Héroes desconocidos de la NASA».

5. John F. Kennedy, discurso en la Universidad de Rice sobre el esfuerzo espacial de la nación, 12 de septiembre de 1962, https://www.jfklibrary.org /learn/about-jfk/historic-speeches/address-at-rice-university-on-the -nations-space-effort.

6. Sheridan, *Chief Joy Officer*, 89.

7. Bob Allen, «Contribuciones del Centro de Investigación Langley de la NASA, al programa Apollo», NASA.gov, 22 de abril de 2008, https://www.nasa.gov/centers/langley/news/factsheets/Apollo.html.

8. Kirschenbaum, *Track Changes*, 150.

9. Leander Kahney, *Tim Cook* (New York: Portfolio, 2019), 102–6.

10. Ron Adner, «Cómo pisoteó Kindle a Sony o por qué las buenas soluciones superan a los grandes productos», *Fast Company*, 29 de febrero de 2012, https://www.fastcompany.com/1669160/how-the-kindle -stomped-Sony-or-why-good-solutions-beat-great-products.

11. «La etiología de la fiebre puerperal», *JAMA*, 15 de abril de 1933, https://jamanetwork.com/journals/jama/article-abstract/ 242574.

12. Irvine Loudon, *The Tragedy of Childbed Fever* (Oxford: Oxford University Press, 2000), 6.

13. Howard Markel, «En 1850, Ignaz Semmelweis salvó muchas vidas con tres palabras: lávese las manos», *PBS*, 15 de mayo de 2015, www.pbs.org/newshour/health/ignaz-semmelweis-doctor-prescribed-hand-washing. Ver también Ignaz Semmelweis y K. Codell Carter, *Etiology, Concept and Prophylaxis of Childbed Fever* (Madison: University of Wisconsin Press, 1983).

14. Markel, «En 1850, Ignaz Semmelweis salvó vidas».

15. Marc Barton, «Ignaz Semmelweis "El salvador de las madres"», *Past Medical History*, 28 de marzo de 2016, https://www.pastmedical history.co.uk/ignaz-semmelweis-the-saviour-of-mothers.

16. «Biografía del Dr. Semmelweis», Semmelweis Society International, http://semmelweis.org/about/dr-semmelweis-biography. Ver también Tijana Radeska, «El triste destino de Ignaz Semmelweis, "El salvador de las madres"», *The Vintage News*, 4 de diciembre de 2016, https://www.thevintagenews.com/2016/12/04/the-sad-destiny-of-ignaz-semmelweis-the-savior-of-mothers. István Benedek, *Ignaz Phillip Semmelweis 1818–1865* (Vienna: H. Bohlau, 1983), 293.

17. W. I. B. Beveridge, *The Art of Scientific Investigation* (New York: Norton, 1957), 114.

18. Jessie Wright-Mendoza, «El hombre que inventó el control de las infecciones», *JSTOR Daily*, 21 de julio de 2018, https://daily.jstor.org/the-man-who-invented-modern-infection-control.

19. Tim Bradshaw, «Apple baja la mirada ante las críticas», *Financial Times*, 3 de mayo de 2017, https://www.ft.com/content/b14d479c-2fbe-11e7-9555-23ef563ecf9a.

20. Jerome y Powell, *The Disposable Visionary*, 3.

21. Jerome y Powell, *The Disposable Visionary*, 5.

22. Rachel Hodin, «Catorce cartas de rechazo a artistas famosos», *Thought Catalog*, 5 de septiembre de 2013, https://thoughtcatalog.com/rachel-hodin/2013/09/14-rejection-letters-to-famous-artists.

23. Arthur T. Vanderbilt, *The Making of a Bestseller* (Jefferson, NC: McFarland & Company, 1999), 60.

24. Glenn Leibowitz, «Esta simple estrategia de escritura ayudó a John Grisham a vender más de trescientos millones de libros», *Inc.*, 26 de junio de 2017, www.inc.com/glenn-leibowitz/this-simple-writing-strategy-helped-john-grisham-sell-over-300-million-books.html.

25. Sammy McDavid, «Tiempo para escribir», *Mississippi State Alumnus Magazine*, invierno de 1990, http://lib.msstate.edu/grisham/timetowrite.php.

26. Mary Higgins Clark, *Moonlight Becomes You* (New York: Simon & Schuster, 1996), 8.

27. Gordon Tredgold, «treinta y un citas para recordarnos la importancia de la integridad», *Inc.*, 31 de enero de 2017, https://www.inc.com /gordon-tredgold/31-reminders-of-the-importance-of-integrity.html.

28. Jerome y Powell, *The Disposable Visionary*, 84.

29. Bob Sorokanich, «Hace 30 años, Chrysler inventó la minivan y cambió la historia», *Gizmodo*, 2 de noviembre de 2013, https://gizmodo.com /30-years-ago-today-chrysler-invented-the-minivan-and-1457451986.

30. Joel Siegel, «Cuando Steve Jobs fue despedido por Apple», ABC News, 6 de octubre de 2011. Ver también Paul R. La Monica, «Apple alcanza un valor de $1.000.000.000.000», CNN.com, 2 de agosto de 2018, https://money.cnn.com/2018/08/02/investing/apple -one-trillion-market-value/index.html.

Pregunta 9 ¿Es demasiado tarde?

1. Deborah Headstrom-Page, *From Telegraph to Light Bulb with Thomas Edison* (Nashville: B&H Publishing, 2007), 22.

2. Johnny Davis, «Cómo hizo clic Lego, la supermarca que se reinventó a sí misma», *Guardian*, 4 de junio de 2017, https://www.theguardian.com /lifeandstyle/2017/jun/04/how-lego-clicked-the-super-brand-that-reinvented-itself.

3. Robertson, *Brick by Brick*. También he dibujado aquí, sobre John Henley, «El renacimiento de Lego», *Taipei Times*, 29 de marzo de 2009, www.taipeitimes.com/News/feat/archives/2009/03/29/2003439667 y Richard Feloni, «Cómo regresó, Lego, del borde de la bancarrota», *Business Insider*, 10 de febrero de 2014, https://www.businessinsider.com /how-lego-made-a-huge-turnaround-2014-2.

4. Steve Denning, «Peggy Noonan sobre Steve Jobs y por qué mueren las grandes empresas», *Forbes*, 19 de noviembre de 2011, www.forbes.com /sites/stevedenning/2011/11/19/peggy-noonan-on-steve-jobs-and-why -big-companies-die.

5. Cited in Keith Sawyer, *Zig Zag* (San Francisco: Jossey-Bass, 2013), 21.

6. Brian Chesky, «Airbnb: la historia que nadie creía», YouTube, 17 de mayo de 2014, https://www.youtube.com/watch?v= 1bAT44QPPHw.

7. Chesky, «Airbnb: la historia que nadie creía».

8. Theodore Schleifer, «Airbnb vendió algunas acciones ordinarias con una valoración de 35 mil millones de dólares, pero ¿cuánto vale realmente la empresa», *Vox*, 19 de marzo de 2019, https://ww w.vox.com/2019/3/19/18272274/airbnb-valuation-common-stock-hoteltonight.

9. Jason Koebler, «Hace diez años, YouTube se lanzó como un sitio web para citas románticas», *Vice*, 23 de abril de 2015, www.vice.com /en_us/article/78xqjx/10-years-ago-today-youtube-launched-as-a-dating-website.

10. Koebler, «Hace 10 años».

11. Stuart Dredge, «Se suponía que YouTube era un sitio web de videocitas», *Guardian*, 16 de marzo de 2016, https://www.theguardian.com/technology/2016/mar/16/youtube-past-video-dating-website.

12. Koebler, «Hace 10 años».

13. Megan Garber, «Instagram se llamó por primera vez "Burbn"», *Atlantic*, 2 de julio de 2014, https://www.theatlantic.com/technology /archive/2014/07/instagram-used-to-be-called-brbn/373815.

14. Kurt Carlson, «Uso de problemas del consumidor para encontrar océanos azules», *Forbes*, 6 de enero de 2016, https://www. forbes.com/sites/kurtcarlson/2016/01/06/using-consumer-problems -to-find-blue-ocean.

15. Don Reisinger, «Instagram es 100 veces más valioso de lo que era cuando Facebook lo compró», *Fortune*, 26 de junio de 2018, https://irving .fortune.com/2018/06/26/instagram-facebook-valuation.

16. Sheila Farr, «Starbucks: los primeros años», *HistoryLink*, 15 de febrero de 2017, https://historylink.org/File/20292.

17. Sawyer, *Zig Zag*, 20.

18. Sawyer, *Zig Zag*, 21.

19. Starbucks Corp., «Finanzas anuales para Starbucks Corp.», MarketWatch.com, retrieved 22 de mayo de 2019, https://www. marketwatch.com/investing/stock/sbux/financials.

20. Watts, *Everything Is Obvious*, 177.

21. Brad Kelechava, «VHS vs Betamax: Guerra de formato estándar», *American National Standards Institute*, 5 de mayo de 2016, https://blog .ansi.org/2016/05/vhs-vs-betamax-standard-format-war.

22. Watts, *Everything Is Obvious*, 178.

23. Priya Ganapati, «4 de junio de 1977: el VHS viene a Estados Unidos», *Wired*, 4 de junio de 2010, https://www.wired.com/2010/ 06/0604vhs-ces.

24. Jennifer Saba y Yinka Adegoke, «Bewkes, de Time Warner, escéptico con el plan de Netflix», *Reuters*, 1 de diciembre de 2010, https://www.reuters.com/article/us-media-summit-time warner/time-warners-bewkes-skeptical-of-netflix-plan-idUSTRE6B10A520101202.

25. Greg Sandovel, «Blockbuster se rio de la oferta de asociación de Netflix», CNET.com, 9 de diciembre de 2010, https://www.cnet.com/news /blockbuster-laughed-at-netflix-partnership-offer.

26. Steve Fuller, «Netflix: estadísticas y hechos», Statista.com, consultado el 14 de mayo de 2019, https://www.statista.com/topics /842/netflix.

27. «Las redes de televisión mejor calificadas entre los consumidores en los Estados Unidos a partir de abril de 2018», Statista.com, consultado el 14 de mayo de 2019, https://www.statista.com/statistics /860060/favorite-tv-network.

28. Bijan Stephen, «Netflix, finalmente, empató con HBO en los triunfos totales en los Emmys 2018», *Verge*, 18 de septiembre de 2018, https://www.theverge.com/2018/9/18/17873636/netflix-hbo -primetime-networks-breakdown-tie-emmys-2018.

29. «Netflix, ingresos 2006-2019», *Macrotrends*, consultado el 14 de mayo de 2019, https://www.macrotrends.net/stocks/charts/ NFLX/netflix/revenue.

30. Gillian Flaccus, «El éxito de taquilla de Oregon dura más que otros para convertirse en el último en la Tierra», Associated Press, 18 de marzo de 2019, https://www.apnews.com/e543db5476c7490 38435279edf2fd60f.

31. Connie Guglielmo, «Un momento de Steve Jobs que importaba: Macworld, agosto de 1997», *Forbes*, 7 de octubre de 2012, https://www.forbes .com/sites/conniegugliemo/2012/10/07/a-steve-jobs-moment-that- mattered-macworld-august-1997.

32. Nick Whigham, «El acuerdo olvidado de Microsoft que salvó a Apple de la bancarrota», *New Zealand Herald*, 5 de agosto de 2018, https:// www.nzherald.co.nz/business/news/article.cfm?c_id=3&objectid =12101418.

33. Justin Bariso, «Steve Jobs solo requirió de cinco palabras para darle el mejor consejo profesional que escuchará hoy», *Inc.*, 27 de noviembre de 2017, https://www.inc.com/justin-bariso/20-years-ago-steve-jobs -revealed-single-word-that-led-to-apples-great-success.html.

34. Zameena Mejia, «Steve Jobs: esto es en lo que la mayoría de la gente se equivoca acerca del enfoque», CNBC.com, 2 de octubre de 2018, https:// www.cnbc.com/2018/10/02/steve-jobs-heres-what-most-people -get-wrong-about-focus.html.

35. Walter Isaacson, «Las verdaderas lecciones de liderazgo de Steve Jobs», *Harvard Business Review*, abril del 2012, https://hbr. org/2012/04/the-real-leadership-lessons-of-steve-jobs.

36. Guglielmo, «Un momento de Steve Jobs que importaba».

37. Paul R. La Monica, «Apple alcanza el valor de $1.000.000.000.000», CNN.com, 2 de agosto de 2018, https:// money.cnn.com/2018/08/02/investing/apple-one-trillion-market- value/index.html.

38. Jeff Bezos, «Reporte anual de Amazon de 2017», https://ir.about
amazon.com/static-files/917130c5-e6bf-4790-a7bc-cc43ac7fb30a.
39. Jeff Bezos, «Carta de 2016 a los accionistas», https://ir.abou
tamazon.com/static-files/e01cc6e7-73df-4860-bd3d-95d366f29e57.
40. Bezos, «Carta de 2016 a los accionistas». Para una inmersión
profunda en lo que hace que Amazon sea una compañía tan dinámica
bajo el liderazgo de Bezos, vea el libro de Steve Anderson, *The Bezos
Letters* (New York: Morgan James, 2019).
41. Kurt Badenhausen, «Las marcas más valiosas del mundo en
2018», *Forbes*, 23 de mayo de 2018, https://www.forbes.com/sites/
kurtbadenhausen/2018/05/23/the-worlds-most-valuable-brands-2018.
42. Philip Elmer-Dewitt, «Microsoft en la era de Steve Ballmer»,
Fortune, 27 de mayo de 2010, https://fortune.com/2010/05/27/
microsoft-in-the-steve-ballmer-era.
43. Kurt Eichenwald, «La década perdida de Microsoft», *Vanity Fair*,
24 de julio de 2012, https://www.vanityfair.com/news/business/2012/08
/microsoft-lost-mojo-steve-ballmer.
44. Tom Warren, «Los trece años de Steve Ballmer como ejecutivo
de Microsoft dejan un legado mixto con poca visión», *Verge*, 26 de
agosto de 2013.
45. Eichenwald, «La década perdida de Microsoft».
46. David Seidman, «¿Cuáles fueron algunos de los errores clave
cometidos por Microsoft bajo el liderazgo de Steve Ballmer?», *Quora*,
4 de febrero de 2018, https://www.quora.com/What-were-some-o
f-the-key-mistakes-Microsoft-made-under-the-leadership-of-Steve-
Ballmer.
47. David Lieberman, «Foro de ejecutivos: el Microsoft de Ballmer
lo está pasando muy bien» *USA Today*, 29 de abril de 2007, https://
usatoday30.usatoday.com/money/companies/management/2007-04
-29-ballmer-ceo-forum-usat_N.htm.
48. Eichenwald, «La década perdida de Microsoft».
49. Satya Nadella y Greg Shaw, *Hit Refresh* (New York: Harper-
Collins, 2017), 66–67.
50. Harry McCracken, «La visión de Satya Nadella en cuanto a Microsoft es notablemente diferente de la de Steve Ballmer», *Technologizer*,
10 de julio de 2014, https://www.technologizer.com/2014/07/10/satya
-nadella-microsoft.
51. Jordan Novet, «Cómo se recuperó Microsoft», CNBC, 3 de
diciembre de 2018, https://www.cnbc.com/2018/12/03/microsoft-
recovery-how-satya-nadella-did-it.html.
52. Rachel Layne, «Microsoft alcanza el valor de mercado de un billón de
dólares por primera vez», *CBS News*, 25 de abril de 2019, www.cbsnews
.com/news/microsoft-1-trillion-market-value-reached-today.

53. Helen Edwards y Dave Edwards, «Una de cada diez empresas estadounidenses es "zombi"», *Quartz*, 5 de diciembre de 2017, https://qz.com/1141732/one-in-every-10-american-companies-is-a-zombie.

54. Sara Estes, «La persistencia del vinilo», The Bitter Southerner, consultado el 18 de marzo de 2019, https://bittersoutherner.com/united-record-pressing#.XS4KkHspBPY.

55. Bill Rosenblatt, «El vinilo es más grande de lo que pensábamos. Mucho más grande», *Forbes*, 18 de septiembre de 2018, www.forbes.com/sites/billrosenblatt/2018/09/18/vinyl-is-bigger-than-we-thought-much-bigger.

56. Estes, «La persistencia del vinilo».

57. Ryan Lambie, «Cómo pasó Marvel de la bancarrota a miles de millones», *Den of Geek!*, 17 de abril de 2018, https://www.denofgeek.com/us/books-comics/marvel/243710/how-marvel-went-from-bankruptcy-to-billions.

58. Lambie, «Cómo pasó Marvel de la bancarrota a miles de millones».

59. Ben Fritz, *The Big Picture* (Boston: Houghton, 2018), 63.

60. Box Office Mojo, consultado el 23 de marzo de 2019, https://www.boxofficemojo.com/franchises/chart/?id=ironmanfranchise.htm. Ver también Amy Kaufman, «Iron Man 3 genera un mil millones de dólares en todo el mundo, trescientos millones de dólares a nivel nacional», *Los Angeles Times*, 17 de mayo de 2013, https://www.latimes.com/entertainment/envelope/cotown/la-et-ct-box-office-iron-man-3-makes-billion-dollars-20130517-story.html.

61. David Goldman, «Disney adquiere Marvel por cuatro mil millones de dólares», CNN.com, 31 de agosto de 2009, https://money.cnn.com/2009/08/31/news/companies/disney_marvel.

62. Scott Mendelson, «Taquilla: "Black Panther" hunde a "Titanic", supera los 1,3 mil millones de dólares, gana "Black Jeopardy"», *Forbes*, 9 de abril de 2018, https://www.forbes.com/sites/scottmendelson/2018/04/09/box-office-black-panther-sinks-titanic-passes-1-3-billion-wins-black-jeopardy.

63. Jonathan Berr, «La mercancía de Black Panther también es oro atrayente», *CBS News*, 6 de marzo de 2018, https://www.cbsnews.com/news/black-panther-merchandise-is-also-striking-gold.

64. «Los mayores retornos comerciales de los últimos veinte años», *Fast Company*, 17 de marzo de 2015, https://www.fastcompany.com/3042431/the-biggest-business-comebacks-of-the-past-20-years.

65. «"Avengers: Endgame" hace polvo los récords de taquilla», FoxNews.com, 28 de abril de 2019, https://www.foxnews.com/entertainment/avengers-endgame-box-office-record.

66. Craig Smith, «Veinte datos y estadísticas interesantes de Flickr (2019)», Expandedramblings.com, https://expandedramblings.com /index.php/flickr-stats/.

67. Jonathan Dame, «El número diario de usuarios de Slack supera los diez millones», Search Unified Communications, https://searchunifie dcommunications.techtarget.com/news/252456752/Number-of-daily -Slack-users-surpasses-10-million.

68. Tomio Geron, «Una mirada retrospectiva a la adquisición de Flickr de Yahoo para las lecciones de hoy», Techcrunch.com, 23 de agosto de 2014, https://techcrunch.com/2014/08/23/flickrs-acquisition -9-years-later/.

69. «Un triste anuncio de Tiny Speck», GlitchtheGame.com, consultado el 14 de mayo de 2019, https://www.glitchthegame.com/ closing/.

70. Knowlton Thomas, «Siete datos interesantes que probablemente no sabías sobre el empresario canadiense Stewart Butter-field», Techvibes. com, 1 de enero de 2015, https://techvibes.com/2015/01/07/facts-stewart -butterfield-slack-2015-01-07.

71. De hecho, el nombre significa «Registro de búsqueda de todas las conversaciones y conocimientos». Megan Hernbroth, «Slack, la nueva aplicación de chat pública, valorada en unos veinte mil millones de dólares, tiene un significado oculto tras su nombre», *Business Insider*, 20 de junio de 2019, https://www.businessinsider.com/where-did-slack -get-its-name-2016-9.

72. Alex Hern, «Por qué Slack vale un mil millones de dólares: está tratando de cambiar la forma en que trabajamos», *Guardian*, 3 de noviembre de 2014, https://www.theguardian.com/technology/2014/ nov/03/why-slack-is-worth-1bn-work-chat-app. Ver también Knowl-ton Thomas, «Slack es el emprendimiento más rápido del mundo en alcanzar los dos mil millones de dólares», Techvibes.com, 26 de abril de 2015, https://techvibes.com/2015/04/25/slack-the-worlds-fastest-startup-to-reach-2-billion-in-history-2015-04-24.

73. Holden Page, «Las inversiones de Slack mientras se prepara para el listado directo», CrunchbaseNews.com, 14 de mayo de 2019, https://news.crunchbase.com/news/slacks-startup-investments-as-it-preps-for-direct-listing/.

Pregunta 10 ¿Estás listo?

1. George Bernard Shaw, *Back to Methuselah*, Part 1, Act 1.

2. Derek Thompson, «La misteriosa muerte del emprendimiento en Estados Unidos», *Atlantic*, 2 de mayo de 2014, https://www.theatlantic.com /business/archive/2014/05/entrepreneurship-in-america-is-dying-wait

-what-does-that-actually-mean/362097. Edward C. Prescott y Lee E. Ohanian, «Detrás de la caída de la productividad: menos emprendimientos», *Wall Street Journal*, 25 de junio de 2014, https://www.wsj.com/articles/behind-the-productivity-plunge-fewer-startups-1403737197. Stephen Harrison, «Los emprendimientos ya no son geniales», *Atlantic*, 5 de diciembre 2018, https://www.theatlantic.com/business/archive/2018/12/milennial-start-up/567793. Leigh Buchanan, «El emprendimiento estadounidense, en realidad, está desapareciendo. Este es el por qué», Inc.com, mayo de 2015, www.inc.com/magazine/201505/leigh-buchanan/the-vanishing-startups-in-decline.html. Noah Smith, «El escenario de los emprendimientos en Estados Unidos parece anémico», Bloomberg.com, 7 de junio de 2018, https://www.bloomberg.com/opinion/articles/2018-06-07/america-s-startup-scene-is-looking-anemic. Dan Kopf, «El emprendimiento estadounidense está desapareciendo», *Quartz*, 20 de junio de 2018, https://qz.com/1309824/the-us-startup-company-is-disappearing-and-thats-bad-for-the-economy. «Dinamismo en retiro», Economic Innovation Group, febrero de 2017, https://eig.org/dynamism.

3. Buchanan, «El emprendimiento estadounidense, en realidad, está desapareciendo».

4. Erika Andersen, «Parecía una buena idea en ese momento: siete de las peores decisiones comerciales jamás tomadas», *Forbes*, 4 de octubre de 2013, https://www.forbes.com/sites/erikaandersen/2013/10/04/it-seemed-like-a-good-idea-at-the-time-7-of-the-worst-business-decisions-ever-made.

5. Bloomberg, «Netflix parece un perdedor. Pero aquí es por qué probablemente sea un ganador», *Fortune*, 8 de agosto de 2017, https://fortune.com/2017/08/15/netflix-looks-like-loser-feels-like-winner.

6. Melanie Warner, «¿Puede salvarse a Amazon? Jeff Bezos Writes a New Script. Too Bad for Investors It Is More Fiction Than Fact», *CNN Money*, 26 de noviembre de 2001, https://money.cnn.com/magazines/fortune/fortune_archive/2001/11/26/314112/index.htm.

7. Arthur C. Clarke, *Profiles of the Future* (New York: Harper, 1962), 1.

8. Neil D. Shortland, Laurence J. Alison, y Joseph M. Moran, *Conflict: How Soldiers Make Impossible Decisions* (New York: Oxford University Press, 2019), 27.

Agradecimientos

A todos les gusta pensar que su trabajo es original. Pero, como Salomón lo observó hace casi tres mil años, «no hay nada nuevo bajo el sol». Todo el trabajo, especialmente la escritura, es derivado. He hecho todo lo posible por citar mis fuentes y dar crédito cuando se debe. Pero más allá de las citas directas, he sido influido por una multitud de personas con el correr del tiempo. He tenido el privilegio de trabajar con numerosos entrenadores de negocios a lo largo de los años, incluidos Daniel Harkavy, Dan Meub, Ilene Muething y Dan Sullivan.

Ellos me han ayudado a escribir declaraciones de visión para mis propias compañías o han dicho cosas que finalmente quedaron plasmadas en esas declaraciones. Sería difícil sobreestimar su impacto en mi vida. Ellos son la razón principal de mi éxito.

Mi pensamiento sobre la visión también ha sido influido por numerosos autores, incluidos Jon Acuff, Jack Canfield, Jim Collins, Stephen R. Covey, Ian Morgan Cron, Joe Dispenza, Ray Edwards, Jason Fried, Dean

Graziosi, Verne Harnish, Napoleon Hill, Lewis Howes, Patrick Lencioni, Bruce H. Lipton, John C. Maxwell, Stu McLaren, Bryan y Shannon Miles, Dan Miller, Donald Miller, Cal Newport, Amy Porterfield, Skip Prichard, Dave Ramsey, Tony Robbins, Andy Stanley, Tim Tassopoulos y Jeff Walker. Aunque no todos han escrito sobre la visión, todos me han inspirado con la claridad de su visión para tener un mejor y más prometedor futuro.

Este libro nunca habría sido posible sin la colaboración de mi equipo de redacción e investigación. Bob De-Moss me entrevistó, estudió los diversos marcos que compartí en mis publicaciones de blogs, transmisiones multimedia y talleres; luego escribió el primer borrador del manuscrito. Joel Miller, nuestro director de contenido en Michael Hyatt & Co., posteriormente le dio forma, esculpió y volvió a reescribir el manuscrito. Ambos trabajaron incansablemente para llevar este libro a su forma actual. Estoy agradecido por trabajar en equipo con un corazón servicial. Larry Wilson, uno de nuestros creadores de contenido principal también ayudó con la investigación.

Además, estoy agradecido por mi equipo editorial de Baker Books, incluidos Dwight Baker, Brian Vos, Mark Rice, Patti Brinks, y Barb Barnes. Este es nuestro cuarto proyecto de libros y no podría estar más feliz con nuestra asociación. Ellos son los profesionales consumados que brindan útiles comentarios y apoyo en cada paso del camino. Proporcionan el alcance y la distribución de una gran editorial así como la intimidad y el cuidado de una pequeña casa editorial. Agradezco que crean en mí.

Mi agente literario, Bryan Norman —de Alive Literary Agency—, también es una parte importante de nuestro equipo editorial. A lo largo de nuestros años juntos se ha convertido en un asesor de confianza, abogando por mí con Baker y por Baker conmigo. Es el enlace perfecto, siempre insistente en las relaciones de beneficio mutuo. Mi esposa, Gail, es más que mi consorte. Es mi mejor amiga, aliada íntima y la mayor animadora. También me reta constantemente a hablar y escribir de una manera más clara, simple y atractiva. Ella se encarga de abogar por el lector y lo hace brillantemente.

Quiero agradecer en especial a nuestros clientes Business Accelerator®. Debido a que he hablado sobre la visión a lo largo de los años en nuestros talleres de entrenamiento, fueron ellos los que inicialmente solicitaron —no exigieron— que escribiera sobre este tema y pusiera mis pensamientos en un libro. Nada de lo que hago profesionalmente es más gratificante que pasar tiempo con ellos. El presenciar su crecimiento y transformación es la razón de hacer lo que hago.

Por último, pero ciertamente no menos importante, quiero expresar mi más profundo agradecimiento a mi equipo de Michael Hyatt & Co. Son realmente el mejor equipo con el que he trabajado. Constantemente me motivan a dar lo mejor. Trabajar con ellos es un placer. Ellos son: Courtney Baker, Suzie Barbour, Verbs Boyer, Mike Burns, Ora Corr, Susan Caldwell, Chad Cannon, Aleshia Curry, Trey Dunavant, Andrew Fockel, Natalie Fockel, Megan Greer, Jamie Hess, Adam Hill, Marissa Hyatt, Jim Kelly, Sarah McElroy, John Meese, Joel Miller, Megan Hyatt Miller, Renee Murphy, Charae Price, Mandi Rivieccio, Tessa Robert, Danielle Rodgers, Deidra Romero, Neal Samudre, Shana Smith, Jarrod Souza, Blake Stratton, Emi Tanke, Becca Turner, Elizabeth White, Larry Wilson, Kyle Wyley y Dave Yan-kowiak.

Michael Hyatt es el fundador y director ejecutivo de Michael Hyatt & Co., que ayuda a los líderes a obtener el enfoque que necesitan para ganar en su trabajo y tener éxito en la vida. Anteriormente presidente y director ejecutivo de Thomas Nelson Publishers, Michael es también el creador de Full Focus Planner, además de ser uno de los autores más vendidos de *New York Times*, *Wall Street Journal*, y *USA Today* por varios libros, incluyendo *Libre para enfocarte*, *Tu mejor año*, *Planifica tu futuro*, y *Plataforma*. Su trabajo ha sido presentado por el *Wall Street Journal*, *Forbes*, *Inc.*, *Fast Company*, *Businessweek*, *Entrepreneur*, y otras publicaciones. Michael ha estado casado con su esposa, Gail, por más de cuarenta años. Tienen cinco hijas, tres yernos y nueve nietos. Viven a las afueras de Nashville, Tennessee. Obtén más información en MichaelHyatt.com.